Der

Schutz der Gläubiger

gegenüber

auswärtigen Schuldnerstaaten,

insbesondere bei

auswärtigen Staatsanleihen.

Von

Dr. G. S. Freund,

Geh. Regierungs-Rat.

Berlin 1910.

J. Guttentag, Verlagsbuchhandlung,

G. m. b. H.

Vorbemerkung.

Die nachfolgende Abhandlung verdankt ihre Entstehung einem Vortrag, den der Verfasser am 24. November 1909 auf Einladung der „Juristischen Gesellschaft" in Wien gehalten hat. Einzelheiten, die beim mündlichen Vortrag nur kürzer berührt werden konnten, sind im folgenden näher ausgeführt, sodann die Literaturnachweise hinzugefügt worden. Im übrigen sind Anlage und Inhalt des Vortrags unverändert geblieben.

Die Darlegungen beziehen sich zwar in erster Linie auf die häufigsten und wichtigsten rechtlichen Beziehungen zwischen Privatgläubigern und auswärtigen Staaten, nämlich auf die aus der Beteiligung an öffentlichen Anleihen des Schuldnerstaates entstehenden Rechtsverhältnisse, sie gelten indessen entsprechend auch für sonstige privatrechtsähnliche Verträge zwischen ihnen, wie Kauf, Miete, Dienstverträge usw. Von allgemeiner Geltung sind namentlich auch die in § 5 enthaltenen Ausführungen zugunsten einer internationalen Instanz für die Entscheidung von Rechtsstreitigkeiten zwischen Privatpersonen und auswärtigen Staaten, für welche der Verfasser bereits in seinem 1907 erschienenen Buche über „Die Rechtsverhältnisse der öffentlichen Anleihen" eingetreten ist. Ihre dringende Notwendigkeit ist durch den jüngsten die Öffentlichkeit lebhaft beschäftigenden Streitfall zwischen dem russischen Fiskus und dem Hauptmann v. Hellfeld erneut in ein helles Licht gerückt worden.

Inhaltsverzeichnis

§ 1.

Einleitung.

Staatsbankerotte d. h. Verkürzungen der Rechte der Anlehnsgläubiger durch zahlungsunfähige oder zahlungsunwillige Schuldnerstaaten sind keineswegs ein Produkt des modernen kapitalistischen Zeitalters, vielmehr war in früheren Zeiten der Zusammenbruch von Staatswirtschaften noch häufiger als heutzutage. Selbst in dem heute so soliden französischen Staatshaushalt folgte bis Napoleon I. Bankerott auf Bankerott. „Die vornapoleonische Geschichte des französischen Haushalts ist die Geschichte seiner Bankerotte“, hat ein französischer Schriftsteller mit Recht gesagt. Aber trotz der erheblichen Verluste, die die auswärtigen Gläubiger nicht selten an Staatsbankerotten erlitten, stand man derartigen finanziellen Krisen und der Frage des Rechtsschutzes der Gläubiger gegenüber Staatsbankerotten überwiegend teilnahmlos gegenüber.[1]) Weitverbreitet war insbesondere die Anschauung, daß die Insolvenz eines Staates als eine der unantastbaren Prärogativen der nationalen Souveränität anzusehen sei. Ja, man ging mitunter sogar soweit, die Anleihen als Steuern, nicht nur antizipierte sondern wirkliche, auf-

[1]) Seit den zwanziger Jahren des 19. Jahrhunderts wurden an der Berliner und Frankfurter Börse einige auswärtige Staatsanleihen, insbesondere die spanische notiert. Um dieselbe Zeit begann auch an der Londoner Börse eine Negoziierung auswärtiger Anleihen (Sombart, Die deutsche Volkswirtschaft im neunzehnten Jahrhundert S. 224; Struck, Effektenbörse S. 65 ff.). — Unter den Anleihen, welche 48 Staaten zwischen 1820 und 1875 an der Londoner Börse negoziiert hatten zum Nominalbetrag von 614 Mill. £, waren 281 Mill. £ ihren Verpflichtungen ganz treu geblieben, 175 Mill. £ nur teilweise treu, 157 Mill. £ waren völlig bankerott geworden; vgl. Roscher, System der Volkswirtschaft 5. Aufl. 4, 2 S. 241 Nr. 12.

zufassen, die der Staat, ohne dem Gläubiger sein Wort zu brechen, wieder aufheben könne.[1]) Auch von den Gläubigern selbst wurden die Verluste, welche sie durch Nichtzahlung von seiten des borgenden Staates erleiden mußten, oft genug nicht ernst genommen. Weit davon entfernt, daß ein Bankerott den Staat um seinen Kredit brachte, besserte sich der letztere mitunter noch unter der Wirkung der Seisachthie, da bei den Geldgebern die Überzeugung bestand, daß der Staat nach dieser — wenn auch auf unrechtmäßigem Wege — erfolgten Verringerung seiner Verpflichtungen in der Erfüllung um so pünktlicher sein werde. Treffend drückte diese Auffassung der englische Nationalökonom Hume mit den Worten aus: „The public credit is so hardy and robust, that it is very difficult to destroy it." Die Tatsache, daß das Urteil der Welt in dieser Hinsicht leider viel vergeßlicher war, als man im Interesse der Gerechtigkeit wünschen mochte, war denn auch der Grund, warum sich manche Staaten in leichtfertigster Weise zu Zahlungseinstellungen entschlossen.

Die vorstehend geschilderte Auffassung erfuhr sowohl nach der ökonomischen, wie nach der rechtlichen Seite einen erheblichen Wandel, als seit der Mitte des 19. Jahrhunderts die Anlegung inländischen Kapitals in ausländischen Papieren, insbesondere im Wege der Übernahme fremder Staatsanleihen, sich zu einem bedeutsamen Gliede der internationalen Kapitalsbeziehungen entwickelte und ein gewaltiger, stetig sich vermehrender Abfluß von heimischem Kapital aus den großen Industrie- und Handelsstaaten nach kapitalbedürftigen Auslandsstaaten erfolgte. Nach den schweren Verlusten, die namentlich die außerordentlich umfangreichen Emissionen sog. exotischer Werte den Kapitalisten Englands, Frankreichs und Deutschlands — den deutschen in der zweiten Hälfte der 80er Jahre des verflossenen Jahrhunderts — brachten, wurde nicht nur die Bedeutung und Wirkung präventiver Maßregeln gegen den

---

[1]) So Zachariae v. Lingenthal, Über das Schuldenwesen der Staaten des heutigen Europa, Jahrb. der Geschichte und Politik 1830 S. 193. 289; vgl. Georg Schanz, Öffentliches Schuldenwesen in „Entwicklung der deutschen Volkswirtschaftslehre im neunzehnten Jahrhundert" (Festgabe für G. Schmoller) II S. 12.

Staatsbankerott in der Literatur und Fachpresse [1]) lebhaft erörtert; vielmehr begann man auch mit den Repressivmaßregeln und zwar auf Grundlage rechtlicher Institutionen zur Verstärkung des Rechtsschutzes der Anlehnsgläubiger von Staaten im Inland und im Auslande sich seitdem eingehender zu beschäftigen.

Bis zu einem gewissen Grade mag sich ja nun freilich die Anschauung über das, was einem Staat seinen Gläubigern gegenüber erlaubt ist, unter dem Einfluß der modernen Kultur- und Rechtsentwickelung in der neuesten Zeit gebessert haben. Der oben mitgeteilte Satz Humes entspricht auch keineswegs mehr der Auffassung der modernen Kapitalisten, die, wie das Beispiel des russischen Staatskredits zeigt, die allzeit — selbst nach dem Ausgang eines unglücklichen Krieges — gewissenhafte Erfüllung der Verpflichtungen seitens des Schuldnerstaates wohl zu werten wissen. Es gehört heute, wie Helfferich vor kurzem sehr treffend sagte, „eine gute Dosis Vertrauens in wirtschaftliche Geheimmittel zu dem Glauben, daß man durch Bankerotterklären seinen Kredit verbessern könne." [2])

Tatsächlich hat auch das neue Jahrhundert den Anlehnsgläubigern fremder Staaten keine erheblichen Einbußen bisher gebracht. Der Schuldbetrag der notleidenden Staaten ist nach dem Bericht des englischen Council of foreign bondholders von 300 £ im Jahre 1876, 54 Mill. £ im Jahre 1896, auf 16 Mill. £ im Jahre 1906 zurückgegangen. Als notleidende Staaten sind nunmehr hauptsächlich noch die 3 zentralamerikanischen Republiken Guatemala, Honduras und Costa Rica verblieben. [3])

[1]) In England war diese Frage zweimal Gegenstand parlamentarischer Enqueten — die erste fand 1875 statt — welche, im wesentlichen übereinstimmend, zu dem Resultate gelangten, daß die beste Abhilfe gegen die Wiederkehr derartiger Übelstände nicht so sehr in gesetzgeberischen Maßregeln als vielmehr in solchen bestehen, welche darauf abzielen, das Publikum gründlich aufzuklären. — In Frankreich fand 1900 ein Congrès international des Valeurs mobilières statt, welcher sich mit diesen Fragen befaßte.

[2]) Im Bankarchiv VII S. 134.

[3]) Dazu scheint neuestens noch die Republik Columbien zu treten, die zwar nach wiederholtem Staatsbankerott im Jahre 1905 ein Arrangement mit ihren auswärtigen Gläubigern geschlossen hat, aber gegenwärtig in Schwierigkeiten mit der Zahlung der Zinsen der auswärtigen Staatsschuld gekommen ist (Frankf. Ztg. 9. Dezbr. 09 Nr. 341).

Alles dies spricht aber keineswegs dafür, daß nunmehr die Gläubiger der Sorge für ihr in ausländischen Anleihen angelegtes Geld für alle Zeiten überhoben seien. Auch wenn das Bewußtsein der moralischen Verpflichtung der Staaten zur Einhaltung ihrer Verpflichtungen gegenüber den früheren Zeiten gestiegen sein sollte, so kann durch unglückliche Wirtschaftsperioden, internationale Krisen, Kriege jederzeit wieder die Gefährdung und der finanzielle Zusammenbruch ausländischer Staatswirtschaften eintreten. Gerade in der jüngsten Zeit haben in Deutschland verschiedene Ereignisse, z. B. Vorgänge bei der im Jahre 1908 emittierten Anleihe des brasilianischen Staates Sao Paolo, auf die noch zurückzukommen ist, die Frage nach dem Schutz der Obligationen bei ausländischen Anleihen neubelebt und den Wunsch geweckt, Institutionen zur Sicherung des Friedens internationaler Märkte zu schaffen. Man braucht nur daran zu denken, welche gewaltigen Erschütterungen und Finanzkrisen der Bankerott eines großen stark verschuldeten Staates für seine Gläubiger und deren Staaten haben müßte, um sofort zu der Überzeugung zu kommen, daß hier die wichtigsten wirtschaftlichen und finanziellen Interessen großer Staaten auf dem Spiele stehen. Ein wesentliches Bedenken, das gegen den unzweifelhaften volkswirtschaftlichen Wert ausländischer Anleihen [1]) von vielen Seiten erhoben wird, würde verschwinden, wenn es gelänge, den Hauptvorwurf gegen Anlagen solcher Art, nämlich den der Unsicherheit, zu beseitigen oder wenigstens abzuschwachen. Mit präventiven Maßregeln, wie sie auch neuerdings wieder vorgeschlagen worden sind — Erschwerung ausländischer Emissionen, staatliche Bevormundung der internationalen Kapitalsverschiebungen [2]) — ist hier wenig gedient.

---

[1]) Über diese Fragen, insbesondere die Bedeutung eines starken Besitzes international gehandelter ausländischer Werte für die Zwecke der finanziellen Mobilmachung und für die Verbesserung der Zahlungsbilanz zum Augleich einer infolge notwendigen Imports von Lebensmitteln und Rohstoffen passiv gestalteten Handelsbilanz kann hier nicht näher gehandelt werden; vgl. namentlich Ad. Weber, Depositenbanken und Spekulationsbanken (Leipzig 1902) S. 131 ff.; Max Warburg, Verhandlg. des III. Allg. deutschen Bankiertages zu Hamburg (1907); Freund im „Tag" 16. Septbr. 1909 Nr. 217 „Kapitalanlage im Ausland".

[2]) So besonders Sartorius v. Waltershausen, Das volkswirtschaft-

Denn abgesehen davon, daß jede gewaltsame Erschwerung der Freizügigkeit des Kapitals schwere wirtschaftliche Schäden im Gefolge haben kann, würden ungünstige Emissionen und Verluste für die Kapitalisten durch die staatliche Kontrolle doch nicht gänzlich abgewendet werden können. Vielmehr handelt es sich in erster Linie und wesentlich darum, einen sicheren Rechtsboden für die Ansprüche der auswärtigen Gläubiger gegen die Schuldnerstaaten zu schaffen. Die nachfolgende Betrachtung wird ergeben, daß bei der Lösung dieser Fragen die Bestimmungen des einzelstaatlichen Rechtes im wesentlichen versagen, und daß die Gemeinschaft der internationalen Interessen dazu drängt, diese Materie als einen Teil des modernen Weltverkehrsrechts nach der materiellen Seite wie nach der Seite der Rechtsverfolgung auf internationalem Wege zu regeln. Ein Ansatz hierzu in der Richtung einer schiedsgerichtlichen Regelung ist bereits auf der II. Haager Friedenskonferenz durch die noch zu besprechende Konvention über die Beschränkung der Anwendung von Gewalt bei Eintreibung von Vertragsschulden gemacht worden.

Den eigentlichen Erörterungen über die den auswärtigen Gläubigern von Staaten zurzeit zustehenden und in der Folge zu gewährenden Rechtsgarantien hat eine Abgrenzung des Begriffs der auswärtigen Gläubiger und eine Betrachtung des rechtlichen Charakters der Verpflichtungen, die den borgenden Staat an seine Gläubiger binden, vorauszugehen, da die Lösung dieses wichtigen Problems einen genauen Einblick in diese Vorfragen voraussetzt.

§ 2.

Innere und äußere Anleihen. Ihr rechtlicher Charakter.

Die in der Finanzwirtschaft der Staaten und in der finanzwissenschaftlichen Litteratur herkömmliche Unterscheidung zwischen inneren und äußeren Anleihen findet darin ihre Begründung und Rechtfertigung, daß beide von wesentlich

---

liche System der Kapitalanlage im Auslande 1907 S. 15, 132, 279, 281 usw. Dagegen Kaemmerer, „Kapitalanlage im Auslande“ Bankarchiv VII S. 353.

verschiedenem Charakter sind und verschiedenen Rechtsregeln unterstehen. Die innere Anleihe ist eine solche, die auf einer ausschließlich im Lande des borgenden Staates erfolgenden Emission beruht. Wenngleich die Nationalitat der Zeichner oder spateren Erwerber keine Rolle spielt, und Fremde, ohne Unterschied ob diese im Inlande oder im Auslande wohnen, an dem Erwerb der Anlehnstitel keineswegs behindert sind, so ist sie doch in erster Linie für die Untertanen des borgenden Staates bestimmt. Diese Tatsache ist für das Rechtsverhältnis maßgebend, das zwischen dem Staat und seinen Gläubigern besteht. Wie bei anderen obligatorischen Rechtsverhältnissen, die der Staat als Fiskus eingeht (z. B. Verpachtung von Grundstücken, Miete von Dienstraumen, Kauf von Kriegsmaterial, Inventarstücken usw.), untersteht er zwar wie ein Privater dem für diesen geltenden Privatrecht. Indessen ist er an diese Stellung als Privatrechtssubjekt seinen Untertanen und den diesen gleichstehenden Fremden nur so lange gebunden, als er es selbst für zweckmaßig erachtet. Demgemaß kann er ihnen gegenüber von seiner aus der inneren oder staatsrechtlichen Souveranität entströmenden Staatsgewalt Gebrauch machen, der alle im Staatsgebiet befindlichen bzw. dem Staat angehörigen Personen unbedingt unterworfen sind. Diese Personen haben also dem Staate gegenüber keinerlei unverletzliche oder unantastbare Rechte.[1]) Er kann ihnen also mittels der gesetzgebenden Gewalt durch eine Änderung der bestehenden Gesetze dasjenige entziehen, was er ihnen aus dem Anlehnsverhältnis vertragsmaßig schuldet.[2]) Das Gleiche gilt hinsichtlich der Auslander, welche Titel einer inneren Anleihe erworben haben, da diese sich dadurch, daß sie diese Werte erwerben, in bezug auf diese Werte in dieselbe rechtliche Stellung wie die eigenen Untertanen des Staates begeben, also sich der gegenwartigen und zukünftigen Gesetzgebung des Schuldnerstaates in bezug auf diese Werte unterwerfen.[3]) Von einem Rechtsbruch kann also, wenn der Staat kraft seines Gesetzgebungs-

[1]) K. v. Stengel, Weltstaat und Friedensproblem 1909 S. 4.

[2]) So Pflug, Staatsbankerott und internationales Recht S. 12; Collas, Der Staatsbankerott und seine Abwicklung S. 9, W. Kaufmann, Das internationale Recht der ägyptischen Staatsschuld S. 13 ff.

[3]) E. Lacombe, „Über den Schutz der Inhaber fremdländischer Wert-

rechts die Rechtsnormen ändert und hierdurch den Inhalt der Forderungsrechte modifiziert, keine Rede sein, wenngleich darin natürlich eine Härte gegenüber den Gläubigern liegen kann. Der Staat ist sonach gegenüber seinen inländischen Gläubigern zur Vornahme einer vorzeitigen Rückzahlung, einer Konversion, zur Auferlegung einer Couponsteuer befugt, wenn ein nach Aufnahme der Anleihe erlassenes Landesgesetz sie für angängig erklärt oder anordnet. Dies gilt selbst dann, wenn der Staat ausdrücklich in den Anleihebedingungen auf eine zukünftige Modifizierung der Schuld unbeschränkt oder für eine Reihe von Jahren verzichtet haben sollte, oder wenn er den Gläubigern bei Aufnahme der Anleihe Steuerfreiheit zugesichert haben sollte. Denn eine Selbstbeschränkung der Staatsgewalt in dieser Richtung würde ein Widerspruch in sich selbst sein und eine Selbstvernichtung des Staates und seiner Souveränität auf vermögensrechtlichem Gebiete bedeuten. [1])

Gänzlich anderer Art sind die Rechtsverhältnisse der äußeren Schuld und die Verpflichtungen, die zwischen dem Staat und den Inhabern der Titres der letzteren bestehen. Als äußere Schuld oder auswärtige Anleihe ist diejenige Staatsanleihe anzusehen, die von einer ganz oder teilweise im Auslande erfolgenden Emission herrührt. Auch die nachträgliche Auflegung der Anleihe zur Zeichnung an auswärtigen Plätzen mit dem Willen oder der Zustimmung des Schuldners, nachdem sie bereits im Schuldnerlande emittiert ist, gibt der Anleihe soweit den Charakter der auswärtigen Schuld. [2]) Das

---

papiere" in Conrads Jahrb. für Nationalökonomie und Statistik, 3. Folge Bd. XX (1900) S. 785.

[1]) Vgl. Freund, Die Rechtsverhältnisse der öffentlichen Anleihen, 1907 S. 205, 222, 237 und im Bankarchiv VII (1908) S. 373. Gegen die obige Auffassung: Laband in einer Besprechung des genannten Buches von Freund, im Archiv für öffentliches Recht XXIII 1908 S. 198 ff.; dagegen auch Roscher, Volkswirtschaft (5. Aufl.) 4, 2 § 133 Note 2a. Verschieden von den obigen Erörterungen ist natürlich die Frage, ob der Allgewalt des Staates tatsächliche Hindernisse, wie die Rücksicht auf die öffentliche Meinung auf seinen zukünftigen Kredit entgegenstehen. Darüber vgl. Grabowsky, Recht und Staat 1908 S. 41 ff.; H. Krabbe, Die Lehre von der Rechtssouveränität. Groningen 1906; Freund im Bankarchiv a. a. O. S. 373 Note 9

[2]) Dies ist z. B. in Deutschland vor kurzem mit der 5 % inneren argentinischen Goldanleihe von 1909 der Fall gewesen.

gleiche gilt von der Errichtung von Zahlstellen im Auslande für den Dienst von Zinsen und Amortisation einer inneren Anleihe seitens des Anlehnsschuldners; denn dadurch wird seitens des letzteren der Wille zum Ausdruck gebracht, daß die Anleihe dem Herrschaftsgebiet des Schuldners entrückt sein soll, und daß der inneren Gesetzgebung und Verwaltung kein Einfluß auf das Schicksal der Anleihe zustehen soll.[1]) Die Titres der auswärtigen Anleihe sind zwar in erster Linie für die im Ausland wohnenden ausländischen Kapitalisten bestimmt; indessen können auch die Untertanen des borgenden Staates Erwerber der Titres sein. Mit Rücksicht hierauf kann der borgende Staat aber, um seine Untertanen — wozu er nach den früheren Ausführungen berechtigt ist — einem für das Inland erlassenen Gesetze, z. B. einem Couponsteuergesetz, das er, wie noch auszuführen, ohne Rechtsbruch auf seine ausländischen Gläubiger nicht anwenden darf, zu unterstellen, eine Unterscheidung seiner Gläubiger nach ihrer Nationalität durchführen. Zu diesem Zwecke schreibt er gewisse Förmlichkeiten, in erster Linie das Affidavit vor, d. h. eine schriftliche, zumeist auch eidesstattliche Versicherung des ausländischen Besitzers, daß die von ihm eingereichten Coupons und Stücke ihm gehören und an ihnen kein Untertan des zur Zahlung verpflichteten Staates in irgend einer Weise beteiligt sei.[2])

Die rechtliche Natur der Verpflichtung, die für den borgenden Staat seinen auswärtigen Gläubigern gegenüber besteht, ist in der bisherigen Literatur in hohem Maße bestritten und wenig geklärt. Die radikalste Auffassung ist so weit gegangen, der Verpflichtung des Staates den Vertragscharakter völlig abzusprechen. So hat sich namentlich der Grieche Politis zu dem Satz verstiegen, daß die Staatsanleihe weder eine zivilrechtliche noch eine natürliche Schuld, sondern

[1]) Eine äußere Schuld kann auch diesen Charakter nachträglich verlieren. Dies geschieht dadurch, daß die Beteiligung der auswärtigen Gläubiger aufhört, was äußerlich dadurch in Erscheinung tritt, daß die Kursnotiz im Ausland eingestellt wird. Dies ist z. B. mit den 4 % Anleihen Portugals aus den Jahren 1888 u. 1889 in Deutschland geschehen, die ursprünglich in Berlin zur Börse zugelassen waren, deren Kursnotiz aber seit 1905 eingestellt ist.

[2]) Freund, Die Rechtsverhältnisse der öffentlichen Anleihen S. 240; Lacombe a. a. O. S. 784.

eine Schuld ganz besonderer Art, eine Ehrenverpflichtung sei.[1]) Andere ausländische Schriftsteller, wie Berr[2]) und der Serbe Milanowitsch,[3]) haben eine rechtliche Bindung des Staates bei der Aufnahme von Anleihen ebenfalls in Abrede gestellt, der letztere mit den Worten: „Les États souverains ne relèvent que de Dieu; ils sout leur propres juges et decèdent seuls, jusqu'à quel point leur intérêts et leur honneur exigent l'exécution des engagement signés." Ein Satz, den man gewiß nicht in den Prospekt einer im Ausland aufzulegenden serbischen Anleihe aufnehmen dürfte, andernfalls der Erfolg dieser Emission einigermaßen zweifelhaft werden dürfte. Auch in Deutschland ist, und zwar bis in die jüngsten Zeiten, von manchen Schriftstellern die Ansicht vertreten worden, daß es lediglich in das Belieben des Staates gestellt sei, ob er seinen Verpflichtungen aus der Aufnahme einer Anleihe nachkommen wolle oder nicht. Andere, wie Zorn,[4]) haben die Behauptung aufgestellt, daß jedenfalls die Zinszahlung von Staatsanleihen lediglich in Ausübung von Staatshoheitsrechten erfolge. Hierbei wird entweder die verfassungs- oder verwaltungsrechtliche Voraussetzung der Aufnahme der Anleihe, die regelmäßig in einem Akte der Gesetzgebung besteht, mit der Aufnahme der Anleihe selbst verwechselt, oder es findet eine unzulässige Übertragung der Rechtsfolgen, die sich, wie besprochen, bei inneren Anleihen aus dem Souveränitätsrechte des Staates gegenüber seinen Untertanen ergeben, auf die äußeren Anleihen statt, oder endlich es werden in unzulässiger Weise aus dem Fehlen der Möglichkeit eines klageweisen Vorgehens und einer Exekution gegen Staaten Schlußfolgerungen auf die Natur des Rechtsverhältnisses selbst gezogen. Selbstverständlich sind diese Anschauungen völlig verfehlt. Welcher Gläubiger würde sich darauf einlassen, sein Geld einem Staate zur Verfügung zu stellen, wenn die Erfüllung der Verpflichtungen von dem bloßen

---

[1]) N. E. Politis, Les emprunts d'État en droit international (Paris 1898) S. 280—283.

[2]) Berr, Études sur les obligations émies par les sociétés, les communes, les départements S. 285.

[3]) M. Milanowitsch, Les traités de garantie au XIX. siècle S. 399.

[4]) „Der Rechtsschutz der Staatsgläubiger gegenüber fremden Staaten" im Bankarchiv VI S. 106.

guten Willen des Schuldners abhängen würde? Nie und nimmer werden sich die Gläubiger damit zufrieden geben, daß an die Stelle des Grundsatzes „pacta sunt servanda“ das bloße Vertrauen trete, daß Schuldnerstaaten wie Venezuela oder die mittelamerikanischen Staaten von ihrem Souveränitätsrechte keinen willkürlichen Gebrauch machen!

Die herrschende Meinung stellt zwar nicht in Abrede, daß die rechtlichen Beziehungen zwischen dem borgenden Staate und seinen Gläubigern vertragsmäßiger Art sind; sie nimmt indessen einen rein zivilrechtlichen, dem innerstaatlichen Privatrechte unterstehenden Vertrag an. Über das auf diesen Vertrag in Anwendung zu bringende Recht bestehen gleichfalls geteilte Auffassungen. Die dem Gläubiger günstigste Ansicht tritt für die Grundsätze des internationalen Privatrechts hinsichtlich der Auslegung und der Folgen des zwischen ihnen geschlossenen Vertrages ein,[1]) erklärt also für die Frage, ob das Recht des Schuldnerstaates oder das des Gläubigerstaates auf die Obligation Anwendung finde, in erster Linie die Selbstbestimmung der Parteien, in zweiter den Erfüllungsort der Obligation als maßgebend. Die Mehrzahl der Schriftsteller spricht sich dagegen für die ausschließliche Geltung des Rechtes des Schuldnerstaates aus, auch dann, wenn die Obligation vertragsmäßig im Lande der Gläubiger zu erfüllen ist, die Zinsen dort zu zahlen sind, die Rückzahlung daselbst zu erfolgen hat. So meint Löning, daß der Staat, der im fremden Staatsgebiet in Rechtsverhältnisse eintrete, auch hier nach eigenem Rechte, nicht nach fremdem Rechte lebe, sofern er nicht selbst das Rechtsverhältnis unter fremdes Recht stelle.[2]) Im Resultat, wenn auch nicht in der Begründung, deckt sich hiermit die Ansicht von Schriftstellern wie v. Bar,[3]) Gabba[4]) und von französischen Gerichtsentscheidungen,[5]) die in der Tatsache der Kontrahierung mit einem fremden Staate die stillschweigende

[1]) Meili, Das internationale Zivil und Handelsrecht II S. 57; Lacombe a. a. O. S. 787.

[2]) Löning, Die Gerichtsbarkeit über fremde Staaten und Souveräne in der Festgabe der Universität Halle für N. Fitting (Halle 1903) S. 256/257.

[3]) v. Bar, Therorie und Praxis des internationalen Privatrechts II S. 663.

[4]) Gabba im Journal de droit international privé XVI S. 533.

[5]) Vgl. z. B. Urteil des Tribunal civil de la Seine v. 1875 im Journ. de droit international privé III S. 271.

Willenserklärung der Gläubiger erblicken, sich dem Souveränitätsrechte dieses Staates, also seinen Gesetzen, sowohl den zur Zeit des Vertragsschlusses geltenden, wie den zukünftigen zu unterwerfen.

Indem die herrschende Meinung das Rechtsverhältnis zwischen den Gläubigern und dem Schuldnerstaat als ein zivilrechtliches, dem Privatrecht des Schuldnerstaates unterstehendes auffaßt,[1]) verkennt sie die rechtliche Stellung der Kontrahenten zueinander und das Wesen ihrer gegenseitigen rechtlichen Beziehungen. Alles Recht leitet seine Quellen aus der Macht des Staates her, aber diese Macht besteht nur gegenüber den Bewohnern des beherrschten Gebietes. Gegenüber fremden Staaten und deren Angehörigen gilt der Wille eines Machtinhabers nur so weit, als dies durch ein höheres, über den Staaten stehendes Recht, insbesondere durch das Völkerrecht, anerkannt ist. Die auswärtigen Gläubiger unterstehen nicht der Machtgewalt des Schuldnerstaates, der die im Staatsgebiete befindlichen bzw. dem Staat angehörigen Personen unterworfen sind. Die einzige rechtliche Beziehung, die zwischen dem Staat und ihnen besteht, ist der zwischen ihnen geschlossene Anleihevertrag. Sonach sind sie dem Privatrecht des Schuldnerstaates nicht unterworfen. Aber auch nach internationalem Privatrecht können die für das vorliegende Rechtsverhältnis geltenden Normen nicht bestimmt werden. Denn das internationale Privatrecht ist kein internationales Recht im eigentlichen Sinne, vielmehr bilden die Grundsätze, welche das anzuwendende Recht bestimmen, einen Teil des inländischen Privatrechts;[3]) der Richter hat nach seinem Rechte zu entscheiden, welche Sätze des internationalen Privatrechts im konkreten Falle anzuwenden sind. Dieselben Gründe, welche die Geltung des Privatrechts im vorliegenden Falle ausschließen, sprechen also auch gegen die Geltung des internationalen Privatrechts. Gegen die Auffassung, daß die staatlichen Schuldverpflichtungen Privaten gegenüber materiell privaten Charakter haben und lediglich dem Privatrecht unterstehen, spricht aber

[1]) So auch Pflug, Staatsbankerott und internationales Recht S. 16.

[2]) Vgl. Jellinek, Allg. Staatslehre I (1905) S. 326.

[3]) Pflug a. a. O. S. 50. Hugo Neumann, Internationales Privatrecht in Form eines Gesetzentwurfs S. 19.

auch ferner die Entwicklung der bisherigen völkerrechtlichen Theorie und Praxis bezüglich der Möglichkeit der Durchführung von Ansprüchen aus solchen Verpflichtungen. Wie alsbald noch näher zu erörtern, wird, wenn auch nicht allgemein, so doch von gewichtiger Seite in Theorie und Praxis des Völkerrechts anerkannt, daß Verletzung der Gläubigerrechte durch den ausländischen Staat dem Staate, dem die Gläubiger angehören, den Anlaß zum Einschreiten zu ihren Gunsten geben kann.[1]) Würde es sich lediglich um ein privatrechtliches Schuldverhältnis handeln, so würde nach den geltenden Regeln der völkerrechtlichen Theorie bei Verletzung der Verpflichtung die Anwendung der Mittel, welche das Völkerrecht zur Bekämpfung von Rechtsverletzungen gewährt, ausgeschlossen sein, es sei denn, daß die besondere Vereinbarung mehrerer Staaten sie ausdrücklich zulassen würde.

Da sonach die Anwendung des nationalen Rechtes auf die Schuldverbindlichkeit zwischen auswärtigen Anleihegläubigern und Schuldnerstaat ausgeschlossen ist, so läge es nahe, das Rechtsverhältnis als Völkerrechtsvertrag aufzufassen, auf welchen die Bestimmungen des Völkerrechts Anwendung zu finden haben. Dem steht indessen entgegen, daß nach den bestehenden völkerrechtlichen Normen völkerrechtliche Verträge nur zwischen souveränen Staaten abgeschlossen werden können und Privatpersonen nicht Subjekte von Völkerrechtsverträgen sein können.[2]) Die Rechtsverhältnisse zwischen den Angehörigen eines Staates und einem fremden Staate sind also nicht völkerrechtlicher Natur.

Die herrschende Auffassung geht sogar dahin, das Gebiet des Völkerrechts auf Berechtigungen und Verpflichtungen zu beschränken, deren Inhalt die Ausübung von Hoheitsrechten ausmacht; dies selbst dann, wenn die Verträge von zwei Staaten abgeschlossen werden.[3]) Danach sollen die zwischen zwei

[1]) Collas, Der Staatsbankerott u. seine Abwicklung S. 51 ff.; Politis a. a. O. S. 217 ff.; Lacombe a. a. O. S. 791 ff.; Freund a. a. O. S. 270.

[2]) O. Nippold, Der völkerrechtliche Vertrag, Bern 1894, S. 104; Jellinek, System der subjektiv öffentlichen Rechte, 2. Aufl. 1905 S. 324; v. Liszt, Völkerrecht (5. Aufl. 1907) S. 163b.

[3]) So schon Bluntschli, Das moderne Völkerrecht (3. Aufl. 1878) § 442 Anm. 1; Pflug a. a. O. S. 42; v. Liszt a. a. O. S. 164.

Staaten vereinbarten Verträge privatrechtlichen Inhalts z. B. Miets-, Kauf-, Pachtverträge nicht völkerrechtlicher Natur sein, sondern dem Privatrecht unterstehen und lediglich eine privatrechtliche Forderung und Verpflichtung erzeugen. Eine Ausnahme wollen einzelne Schriftsteller wie Bluntschli nur für den Fall machen, daß ausnahmsweise solche Verträge unter den Schutz des Völkerrechts gestellt sind oder eine staatliche Garantie erhalten haben; in diesen Fällen sollen sie in das Gebiet des Völkerrechts fallen.[1]) Diese ganze Auffassung ist aber ersichtlich verfehlt. Keinem dieser Staaten fällt es ein, bezüglich des mit einem anderen Staate abgeschlossenen Vertrages sich dem Rechte des anderen zu unterwerfen. Wenn also z. B. Frankreich gegen Zahlung einer bestimmten Summe von dem Deutschen Reiche ein Grundstück erwirbt oder das Deutsche Reich ein Kohlenbergwerk von der englischen Regierung pachtet, so richten sich diese Verträge nicht nach dem nationalen Rechte eines dieser Staaten; vielmehr gilt für diese Rechtsverhältnisse ein über den beteiligten Staaten stehendes Recht, und dies kann mit Rücksicht auf die Persönlichkeit den Kontrahenten nur das Völkerrecht sein. Sollen ferner für die unter Staaten ausgemachte Zahlung oder Stundung einer Geldsumme andere Grundsätze gelten, je nachdem die Zahlung für eine Gebietsabtretung mit Abtretung der Hoheitsrechte oder für die Überlassung des bloßen Grundeigentums versprochen ist? Alle diese Rechtsverhältnisse fallen vielmehr in das Gebiet des Völkerrechts. Ähnlich ist aber das Rechtsverhältnis zu beurteilen, wenn ein Staat nicht mit einem anderen Staat, sondern mit einer Privatperson oder einer Gesellschaft kontrahiert, die seiner Macht nicht untersteht. Bereits Bluntschli hat, im Gegensatz zu den völkerrechtlichen Verträgen im eigentlichen Sinne, zu denen er Verträge zwischen zwei oder mehreren Staaten von öffentlich rechtlichem Inhalt zählt, eine besondere Kategorie von uneigentlichen völkerrechtlichen Verträgen aufgestellt und zu diesen die Verträge eines Staates mit fremden, d. h. seiner Macht nicht unterstehenden Privatpersonen über öffentliche Rechtsverhältnisse erachtet, sofern diese ausnahmsweise unter das Völkerrecht gestellt sind.[2])

[1]) Bluntschli a. a. O. § 442.

[2]) Bluntschli a. a. O. § 443, S. 250; vgl. Pflug a. a. O. S. 40.

Wenngleich die Annahme von völkerrechts-ähnlichen Verträgen zwischen Privatpersonen und Staaten hier an gewisse Voraussetzungen geknüpft ist, die auf das Schuldverhältnis aus öffentlichen Anleihen regelmäßig nicht zutreffen, so liegt doch darin schon die Anerkennung eines besonderen internationalen, dem Völkerrecht ähnlichen Rechts hinsichtlich der rechtlichen Beziehungen der Staaten zu Privatpersonen, die ihrer Machtsphäre nicht unterstehen. Diese Auffassung wird dem Wesen der Sache auch allein gerecht. Sie führt zu der rechtlichen Gleichstellung der privatrechtsähnlichen Verträge der Staaten untereinander und der Verträge von Staaten mit Privatpersonen, auf welche sich ihr Machtbereich nicht erstreckt, wie dies bereits oben erwähnt ist.[1]) In der Tat, welchen Unterschied macht es beispielsweise, ob Chile von dem Deutschen Reiche ein Kriegsschiff oder von einer deutschen Schiffahrtsgesellschaft ein Handelsschiff erwirbt, ob das Deutsche Reich oder der Deutsche in Person Chile Geld borgt? Der letztere unterwirft sich ebensowenig wie das Deutsche Reich durch das Eingehen des Vertragsverhältnisses der fremden Staatsgewalt; es gilt also weder das deutsche, noch das chilenische Recht, sondern ein höheres Recht, das über beiden Vertragsschließenden gleichermaßen steht. Bei Verträgen von Staaten untereinander ist es, wie dargelegt, das Völkerrecht, bei Verträgen von Staaten mit Privatpersonen oder Gesellschaften ist es zwar nicht das Völkerrecht, da diesem, wie dargelegt, nur solche Verträge unterstehen, die von Staaten abgeschlossen werden, wohl aber ein völkerrechtsähnliches Recht. Dem Völkerrecht gleicht es darin, daß auch für die Einzelpersönlichkeiten unmittelbare subjektive Rechte und Pflichten aus ihm erwachsen, und daß das Rechtsverhältnis, wie bei völkerrechtlichen Verträgen, der Einwirkung des nationalen Rechts völlig entzogen ist. Eine nahe Berührung mit dem Völkerrecht liegt ferner darin, daß seitens der Regierung der geschädigten Gläubiger bei der Verfolgung der Ansprüche aus den staatlichen Schuldverpflichtungen völkerrechtliche Zwangsmittel angewendet werden können, und daß, wie noch auszuführen, gewisse völkerrechtliche Organe, wie Schiedsgerichte und internationale Gerichtshöfe, zur Untersuchung und

---

[1]) Vgl. auch Freund, Rechtsverhältnisse der öffentlichen Anleihen S. 60.

Prüfung der Ansprüche von Staatsgläubigern unbedenklich bestellt werden können und neuerdings tatsächlich auch bestellt worden sind. Wenn indessen vorgeschlagen worden ist, die auswärtige Staatsschuld ausdrücklich im Wege völkerrechtlichen Abkommens den völkerrechtlichen Verträgen gleichzustellen,[1]) so beruht dies auf der unrichtigen Auffassung, daß ohne eine solche Gleichstellung die staatliche Schuldverpflichtung lediglich dem Privatrecht untersteht, und daß es ihrer formellen Unterstellung unter das Völkerrecht behufs Erzielung eines völkerrechtlichen Schutzes in dem oben dargelegten Sinne bedarf. Daß in anderer Richtung die Regelung der Rechtsverhältnisse der auswärtigen Staatsschulden durch das Völkerrecht dringend wünschenswert und zu erstreben ist, wird später dargelegt werden (§ 5).

Der erheblichste Einwand, der gegen die Auffassung der auswärtigen Anleihe als eines Quasivölkerrechtsvertrages erhoben werden wird, ist nun gewiß der, daß Privatpersonen nicht Subjekte internationaler Rechte sein können, also aus dem Völkerrecht, sonach auch aus völkerrechtsähnlichen Verhältnissen nicht direkte Rechte und Pflichten der Einzelpersönlichkeiten entspringen, vielmehr lediglich kraft innerstaatlicher Anordnung, kraft Staatsrechts die individuellen Berechtigungen erwachsen können.

Diese Auffassung verkennt indessen die Tendenz einer modernen Rechtsentwicklung, welche sich im völkerrechtlichen Herkommen bereits seit längerer Zeit angebahnt hat und in neuester Zeit auch in Völkerrechtskonventionen ihren direkten und unzweifelhaften Niederschlag gefunden hat. Hiernach können Untertanen, auch wenn sie nicht Mitglieder der Völkerrechtsgemeinschaft sein können,[2]) doch Subjekte internationaler Rechte, Subjekte des Völkerrechts sein. Namentlich in der ausländischen völkerrechtlichen Literatur wird dies anerkannt; so scheiden z. B. Westlake und Lawrence zwischen „international persons" „subjects of international law" einerseits und members of the family of nations" andererseits[3]),

---

[1]) Vgl. Pflug a. a. O. S. 43 ff.

[2]) Vereinzelt ist auch dies behauptet worden z. B. von Bonfils (übersetzt von Grah), Lehrbuch des Völkerrechts 1904 Nr. 157.

[3]) Westlake, Chapters on the principles of international law 1894 S. 2; Lawrence, Principles of international law. 3 ed. 1900 § 55. Vgl. Rehm,

Aber auch in Deutschland hat diese Auffassung eifrige Vertreter gefunden, so z. B. W. Kaufmann.[1]) Andere, die diesem Standpunkte nicht folgen können, erkennen wenigstens an, daß durch das Völkerrecht unmittelbar Rechtspflichten von Individuen begründet werden können, daß z. B. das Recht der Blockade und Kriegskontrebande gegenüber Angehörigen neutraler Staaten, soweit es sich auf Gebiete beziehe, die keinem der kriegführenden Teile gehören, keine andere Erklärung zulasse.[2]) Einen anerkannten und unzweifelhaften Ausdruck hat der Satz, daß Einzelpersonen Subjekte völkerrechtlicher Ansprüche gegenüber Staaten sein können, neuerdings in den Bestimmungen des auf der II. Haager Friedenskonferenz beschlossenen Abkommens über die Errichtung des internationalen Prisengerichtshofes (Convention relative à l'établissement d'une Cour internationale des prises) gefunden. Nach Art. 4 dieses Abkommens steht das Recht, sich in den Fällen, wo ein Rekurs zulässig ist, an den internationalen Prisenhof zu wenden, nicht nur den Regierungen, sondern auch den geschädigten Privatpersonen zu. Diese können sonach vor dem internationalen Organ, dem Oberprisengericht Entscheidungen gegen den Staat, der die Beschlagnahme ausgesprochen hat, herbeiführen. Die genannte Konvention trifft aber nicht nur prozessuale Bestimmungen für diesen ersten „übernationalen" Gerichtshof, der Entscheidungen nationaler Gerichtshöfe umstoßen oder beseitigen kann. Vielmehr erkennt sie in dem bereits viel zitierten Art. 7 ausdrücklich das Bestehen und die Möglichkeit der Fortbildung eines besonderen zwischen Privatpersonen und Staaten geltenden, über dem nationalen Rechte stehenden objektiven Rechtes an. Denn in Ermanglung eines besonderen Abkommens zwischen der nehmenden Kriegsmacht und der Macht, die selbst oder von der ein Angehöriger Prozeßpartei ist, weist sie den

„Untertanen als Subjekte völkerrechtlicher Pflichten" in der Zeitschrift für Völkerrecht und Bundesstaatsrecht I (1907) S. 53.

[1]) W. Kaufmann, „Die Rechtskraft des internationalen Rechts und das Verhältnis der Staatsgesetzgebungen und der Staatsorgane zu demselben". Stuttgart 1899 S. 1 ff., der aber nur von dem durch Staatsverträge geschaffenen Recht der Privaten handelt.

[2]) Rehm a. a. O. S. 53; hiergegen auch prinzipiell Jellinek, System der subjektiven öffentlichen Rechte (2. Aufl. 1905) S. 324/325.

Prisenhof an, nach den Regeln des internationalen Rechtes, und wenn allgemein anerkannte Grundsätze nicht bestehen, nach den allgemeinen Grundsätzen der Gerechtigkeit und Billigkeit zu entscheiden. [1])

Sonach liegt die Anerkennung, daß der Vertrag zwischen den ausländischen Gläubigern und dem fremden Schuldnerstaat ein völkerrechtsähnlicher Vertrag ist, der dem innerstaatlichen Recht nicht untersteht, durchaus in der Richtung der bisherigen Rechtsentwicklung, ganz abgesehen davon, daß diese Auffassung allein der besonderen Natur des Rechtsverhältnisses gerecht wird. Sie findet auch ihren Ausdruck in den alsbald noch näher zu besprechenden Bestimmungen des auf der II. Haager Friedenskonferenz beschlossenen Abkommens betreffend die Beschränkung der Anwendung von Gewalt bei der Eintreibung von Vertragsschulden (Convention concernant la limitation de l'emploi de la force pour le recouvrement de dettes contractuelles), wenngleich diese Tragweite der Bestimmungen des Abkommens in den Verhandlungen der Friedenskonferenz nicht erörtert worden ist.

Bei der Beurteilung, welche Rechtsnormen im einzelnen auf das Vertragsverhältnis zwischen dem Schuldnerstaat und seinen auswärtigen Gläubigern Anwendung zu finden haben, gibt der bereits vorher erwähnte Art. 7 der Konvention über die Errichtung des Oberprisengerichts einen gewichtigen Anhalt. In erster Linie kann es nicht zweifelhaft sein, daß durch völkerrechtliche Verträge zwischen dem Staate, dem die Gläubiger angehören, und dem Schuldnerstaate die auf das Rechtsverhältnis bezüglichen Normen geregelt werden können, und daß diese alsdann prinzipale Geltung haben. So finden als solche völkerrechtlich festgesetzte Rechtsnormen die später zu besprechenden

[1]) Die außerordentliche Tragweite dieser Vorschriften, welche die Schaffung und Fortbildung eines neuen internationalen, das nationale Recht brechenden Rechtes vorsehen, ist zwar bereits mehrfach hervorgehoben worden, (vgl. z. B. Zorn, „Die Fortschritte des Seekriegsrechts durch die II. Haager Friedenskonferenz" in der Festgabe für Laband S. 181; Nippold, Die II. Haager Friedenskonferenz in der Zeitschr. für internationales Privat- und öffentliches Recht Bd. XVIII S. 294), indessen ist auf ihre allgemeine Bedeutung für das Bestehen und die Weiterbildung eines zwischen Privatpersonen und Staaten geltenden Rechtes in obigem Sinne meines Wissens noch nicht hingewiesen worden.

Bestimmungen des auf der II. Haager Friedenskonferenz beschlossenen Abkommens betreffend die Beschränkung der Anwendung von Gewalt bei der Eintreibung von Vertragsschulden in erster Linie Anwendung, sofern der Schuldnerstaat und der Staat, dem die Gläubiger angehören, dieses Abkommen ratifiziert haben. In zweiter Linie gelten die, insbesondere auch im Völkerrecht allgemein anerkannten, Regeln über Vertragsverhältnisse, vor allem der Satz, daß Verträge zu halten sind (pacta sunt conservanda). Sodann bestimmt sich das Rechtsverhältnis nach den in den Vertragsbedingungen ausdrücklich festgesetzten oder als stillschweigender Wille der Parteien zu ermittelnden Normen. Sofern aber hiernach die Geltung des zur Zeit des Vertragsschlusses bestehenden innerstaatlichen Rechtes des Schuldnerstaates als dem Parteiwillen entsprechend anzunehmen ist, so ist hieraus doch noch keineswegs zu folgern, daß die Gläubiger sich einer nachträglichen Abänderung des Rechtes zu ihren Ungunsten von seiten des Schuldnerstaates durch seine Gesetzgebung haben unterwerfen wollen.

Nach den bisherigen Erörterungen beantwortet sich die oft behandelte Frage, ob der Staat berechtigt ist, seinen ausländischen Gläubigern eine Couponsteuer oder eine Talonsteuer aufzuerlegen, durchaus in verneinendem Sinne. Hierzu ist er auch dann nicht befugt, wenn er, wie dies öfters geschieht, die Steuerfreiheit bei der Aufnahme der Anleihe nicht ausdrücklich zugesagt hat, oder wenn er den eigenen Untertanen keine Vorzugsbehandlung zuteil werden läßt. Die für die Bejahung dieser Frage geltend gemachten Gründe, insbesondere, daß das Steuerrecht auch gegen die ausländischen Gläubiger durchgreife,[1]) und daß die Gläubiger ihr Kapital auf dem Gebiete des schuldnerischen Staates fruchtbar angelegt haben, [2]) verkennen die Rechtsstellung des Schuldnerstaates zu seinen auswärtigen Gläubigern. Der letztere Grund überträgt auch in verfehlter Weise den Begriff das Angelegtsein des Kapitals in Unternehmungen auf das Schuldverhältnis zwischen Staat und Anleihegläubigern, bei dem das Zinsrecht der letzteren vom Ertrage des Schuldners völlig

[1]) So A. Wagner im Handbuch der politischen Ökonomie III, 1 (1897) S. 373.

[2]) So insbesondere Roscher, Volkswirtschaft 4, 2, 5. Aufl. S. 266.

unabhängig ist.[1]) Mit der vorstehenden Frage ist natürlich nicht die Frage zu verwechseln, ob der schuldnerische Staat verpflichtet ist, seinen auswärtigen Gläubigern eine Steuer oder einen Stempel zu vergüten, die nachträglich von dem Staat, dem die Gläubiger angehören, auf die Anleihetitres gelegt worden sind, z. B. eine Kotierungssteuer oder eine Stempelsteuer, die, im Falle der Übernahme von Obligationen einer Privatgesellschaft durch den Staat, bei der Inverkehrsetzung im Ausland zu zahlen ist. So unterliegen z. B. die 3 % und 4 % Obligationen der Österreich-Ungarischen Staatseisenbahn seit ihrer Übernahme durch den österreichischen Staat in Frankreich nicht mehr der Kotierungssteuer, sondern einer einmaligen Abstempelung mit 10 Frcs. pro Stück von nominal 500 Frcs. bei Gelegenheit der Inverkehrsetzung. Die Staatseisenbahngesellschaft hat das Begehren der association nationale des porteurs des valeurs étrangères an die Gesellschaft auf Vergütung des 2 % Stempels mit Recht zurückgewiesen; denn der Schuldnerstaat hat keinerlei rechtliche Verpflichtung, eine Steuer zu zahlen, die Frankreich seinen Untertanen auferlegt, auch wenn diese seine Gläubiger sind.[2])

Nach den bisherigen Ausführungen ist das Verhältnis des Schuldnerstaates zu seinen Gläubigern allerdings ein völkerrechtsähnliches, ein Quasivölkerrechtsvertrag. Trotzdem wird man hieraus nicht den Schluß ziehen dürfen, daß sämtliche Grundsätze, die für das Verhältnis der Staaten untereinander nach Völkerrecht gelten, auch zwischen dem Staat und seinen Gläubigern Anwendung finden können. Dies gilt in erster Linie bezüglich den Verpflichtungen, die ein Staat einem anderen Staat gegenüber vertraglich übernehmen kann. Wieweit ist insbesondere ein Verzicht auf Souveränitätsrechte seitens des Schuldnerstaates den ausländischen Gläubigern gegenüber statthaft? Unzweifelhaft ist, daß die Staatsgewalt in ihrer äußeren Unabhängigkeit einem anderen Staate gegenüber in vollem Umfange bis zur völligen Aufgabe vertragsmäßig eingeschränkt werden kann, daß ein Abkommen über Einverleibung des Staatsgebietes in einen fremden Staat, über Beschränkung von Rüs-

[1]) Vgl. RG. 22, S. 19, 25.
[2]) Vgl. Frankfurter Zeitung v. 21. Sept. 1909 No. 262.

tungen, Nichterhebung von Zöllen usw. anderen Staaten gegenüber zulässig ist. Auch die innere Selbständigkeit der Staatsgewalt, welche sich als Autonomie in Gesetzgebung, Rechtspflege, Verwaltung innerhalb des dem Staate zustehenden Machtkreises äußert, kann durch eine vertragsmäßig übernommene oder von einem fremden Staate auferlegte Verpflichtung beschränkt sein.[1]) Es kann ferner die Gebietshoheit, wie die Staatsgewalt überhaupt, durch die zugunsten anderer Staaten übernommene oder auferlegte Verpflichtung beschränkt sein. So kann z. B. ein Staat verpflichtet sein, auf seinem Gebiet die Ausübung eines Hoheitsrechtes, z. B. die Einziehung von Zöllen, die Besetzung einer Kohlenstation, die Ausübung einer Fischereigerechtsame durch einen anderen Staat zu dulden.[2]) Wie steht es aber mit der Einräumung solcher Rechte gegenüber Privatpersonen, insbesondere gegenüber den ausländischen Gläubigern? Die Grenze hier zu finden, ist äußerst schwierig. Keineswegs wird man jedes Abkommen schon deshalb für unverbindlich ansehen können, weil in ihm ein Verzicht auf ein Souveränitätsrecht seitens des Schuldnerstaates liegt, oder weil der Inhalt des eingeräumten Rechtes die Ausübung eines Hoheitsrechtes ausmacht. Vielmehr spielt das Herkommen und die historische Entwicklung hierbei eine gewichtige Rolle. Zulässig ist z. B. die Unterwerfung unter die Gerichtsbarkeit des Gläubigerstaates in dem Anleihevertrag, wie in der Literatur auch allgemein anerkannt wird. Dagegen wäre unzulässig z. B. ein Abkommen mit den Gläubigern bzw. der sie vertretenden Bank über Abtretung oder Verpfändung eines bestimmten Landes an die Gläubiger, über Beschränkung von militärischen und Flottenrüstungen u. dgl. zum Zwecke der Sicherung ihrer Forderungen. Zulässig ist dagegen die Verpfändung oder Abtretung gewisser Abgaben, von Steuern und Zöllen, sowie die Einräumung der Befugnis, sie durch eine die Gläubiger vertretende Bank oder Behörde verwalten und erheben zu lassen. Derartige Sicherheiten waren beim öffentlichen Kredit von jeher üblich, ja aus dem Kauf von Abgaben, der compera, hat sich überhaupt historisch das Anlehnsgeschäft in den für die

[1]) Vgl. v. Liszt a. a. O. S. 61, 70, 74.

[2]) v. Liszt a. a. O. S. 74.

Ausbildung der öffentlichen Anleihen maßgebend gewordenen italienischen Stadtgemeinden des Mittelalters entwickelt. Auch später, zur Zeit, als der öffentliche Kredit sich in der Form der persönlichen Anleihen der Fürsten und Territorialherren vollzog, wurden diese Anleihen regelmäßig durch Verpfändung bestimmter Staatsgüter und Einkünfte sichergestellt.[1]) Auch in der neuesten Zeit bis in die Gegenwart ist von den Gläubigern bei Anlehen von Staaten von zweifelhafter Vertrauenswürdigkeit regelmäßig eine entsprechende Realsicherheit, vornehmlich in der Form der Überlassung gewisser Steuern und sonstiger Einnahmequellen zu eigener Verwaltung, gefordert und von dem betreffenden Staate gewährt worden. Erinnert sei nur an die Anleihen Griechenlands, Chinas, süd- und mittelamerikanischer Staaten, der Türkei, insbesondere an die letzte türkische Anleihe vom Oktober 1909, bei der der Banque Ottomane der Einzug der Zölle aus einer Reihe von Vilâjets als bestimmtes Pfand für die Gläubiger übertragen wurde, erinnert auch an die Einrichtung der Finanzkontrolle in Ägypten, in der Türkei, in Griechenland, in Serbien, wobei den die Gläubiger vertretenden Komitees die Verwaltung und Einziehung staatlicher Einkünfte und die Erhebung von Monopoleinnahmen überlassen wurde. Alle diese den Gläubigern gestellten Sicherheiten sind durchaus bindend, der Schuldnerstaat ist daher nicht berechtigt, eine durch Gesetz eingeführte Steuer oder einen in gleicher Weise festgesetzten Ausfuhrzoll auf bestimmte Waren, zu deren Erhebung und Abführung an die Gläubiger zum Zwecke ihrer Sicherung er sich in dem Anleihevertrag verpflichtet hat, durch eine Abänderung seiner inneren Gesetzgebung zu beseitigen. Insofern ist die Autonomie des Schuldnerstaates durch die vertragsmäßige Zusicherung den Gläubigern gegenüber tatsächlich mit Rechtswirksamkeit beschränkt. Als der brasilianische Staat Sao Paolo vor kurzem dazu schreiten wollte, ein Gesetz willkürlich abzuändern, das die Kontingentierung des Kaffeeexports und die besondere Besteuerung der Mehrausfuhr von Kaffee zwecks Sicherung der Gläubiger einer u. a. in Deutschland und in England emittierten 5 %igen Anleihe vorgesehen hatte, obwohl dieses Gesetz einen

---

[1]) Freund a. a. O. S. 12, 17.

wesentlichen Inhalt der Anleihevoraussetzungen bildete und im Prospekt ausdrücklich hervorgehoben war, erhob sich mit Recht hiergegen ein lebhafter Widerstand aus den Kreisen der Anlehnsgläubiger. Dies führte dazu, daß der Staat Sao Paolo von der Durchführung seines Planes Abstand nahm.[1])

§ 3.

Die den auswärtigen Anlehnsgläubigern zustehenden Garantien. Selbsthilfe der Gläubiger. Schutzvereinigungen.

Fragen wir nunmehr nach den Garantien, welche den auswärtigen Anlehnsgläubigern für die Verwirklichung ihrer Ansprüche zur Verfügung stehen, so herrscht zunächst darüber kein Zweifel, daß, gleichwie viele andere Partien der Rechtsordnung, des Staatsrechts, des Kirchenrechts, gleichwie ferner die aus dem Völkerrecht entspringenden Rechtsverhältnisse, so auch die völkerrechts*ähnlichen* Rechtsverhältnisse der auswärtigen Anlehnsschulden in erster Linie mit anderen als den gemeinhin unter dem Rechtszwang verstandenen Mitteln garantiert werden. Einerseits ist für anständige Staaten die Rücksicht auf ihre Ehre und auf Treu und Glauben ein wichtiges Mittel des Zwanges, das den Gläubigern bis zu einem gewissen Grade moralische Sicherheit gewährt. Sodann aber spielt neben dem Ehrinteresse auch das Nützlichkeitsinteresse, die Rücksicht auf die Erhaltung des Kredits in künftigen Zeiten, eine wichtige Rolle. Wichtiger aber als die genannten, häufig versagenden Mittel sind diejenigen Garantien, die eine *zwangsweise* Verwirklichung der Ansprüche der Gläubiger zu gewährleisten imstande sind. Wie bereits im Eingang erwähnt und demnächst noch näher zu erörtern, haben diese bisher auf einer recht unsicheren und zweifelhaften Grundlage beruht, und erst in jüngster Zeit ist durch die II. Haager Friedenskonferenz der Ansatz zu einer Besserung geschaffen worden. Gerade mit Rücksicht auf den problematischen Wert der bisher zum Schutz der Gläubiger bestehenden Garantien hat die

[1]) Vgl. Frankfurter Zeitung v. 22. Juni 1909 Nr. 171, 12. August 1909 Nr. 222, 13. Aug. 1909 Nr. 223. Über das oben erwähnte Gesetz vgl. *Schmidt*, Die Kaffeevalorisation in Conrads Jahrb. f. Nationalökonomie und Statistik 38. (1909) S. 662 ff., insbes. S. 668.

Selbsthilfe der Interessenten, insbesondere auf dem Wege der Bildung von Schutzkomitees, der Bestellung von Vertrauensmännern, in England, Frankreich, Belgien und Deutschland bisher eine bedeutungsvolle und wirksame Rolle gespielt. Bekanntlich macht es, wenn einzelne geschädigte Gläubiger ihre Ansprüche bei einem fremden Staat erheben, auf den Schuldnerstaat gar keinen oder nur geringen Eindruck, dagegen wird eine geschlossene Gesamtheit oder auch nur die Majorität den Zahlungssäumigen wenigstens zu ernsten Verhandlungen geneigt machen. Eine solche Organisation schafft sich eine sachverständige und geschickte Leitung, ist durch ihre Geldmittel in der Lage, Informationen einzuziehen, Agenten zu besolden, Prozesse zu führen. Nun fehlt es selbst in denjenigen Ländern, wo die Ausübung der gemeinsamen Rechte der Besitzer von Schuldverschreibungen gesetzlich geregelt ist, wie dies in Deutschland, Österreich, Ungarn, Frankreich und Belgien der Fall ist, bisher an einer gesetzlichen Organisation der Gläubiger von Auslandsanleihen. Auf die Gründe hierfür kann an dieser Stelle nicht näher eingegangen werden. Die Motive des deutschen Schuldverschreibungsgesetzes machen hierfür in erster Linie die Unmöglichkeit der Feststellung der im Inland befindlichen Stücke und demzufolge des zur Fassung eines Mehrheitsbeschlusses erforderlichen Betrages verantwortlich. Diese Diaspora trifft indessen bei allen Schuldverschreibungen mehr oder weniger zu, sie würde auch bei den Auslandsanleihen kein unüberwindliches Hindernis bilden, eine zukünftige internationale Gesetzgebung zugunsten der Besitzer fremder Staatspapiere, auf die später noch einzugehen ist, würde insbesondere auch diese Fragen zu regeln haben.[1]) Einen Ersatz für die fehlende gesetzliche Organisation bilden nun in denjenigen Staaten, deren Untertanen hauptsächlich als Gläubiger fremder Staaten in Betracht kommen, die aus privater Initiative zum Zwecke des Zusammenschlusses der Beteiligten geschaffenen Einrichtungen.[2])

---

[1]) Vgl. Freund a. a. O. S. 51, Frankfurter Zeitung Nr. 223 v. 13. Aug. 1909: „Der Schutz der Obligationäre bei internationalen Anleihen".

[2]) Zu dem Folgenden vgl., außer Freund a. a. O. S. 265, Sartorius v. Waltershausen a. a. O. S. 294 ff.; W. Nachod, Treuhänder und Treuhandgesellschaften, Tübingen 1908 S. 79 ff., 108.

So sind in Deutschland in neuerer Zeit in einer Reihe von Fällen aus der Initiative der Gläubiger ausländischer Anleihen bzw. der emittierenden Bankhäuser Schutzvereinigungen entstanden, welche die gefährdeten Interessen der Besitzer der Schuldverschreibungen wahren sollen. Die Vertretung der Gläubigerinteressen liegt in diesen Fällen regelmäßig in den Händen der emittierenden Bankhäuser. Ohne einzelne Beitrittserklärungen einholen zu müssen, bilden sie eine Art Konsortium, um die heimischen Gläubigerrechte gegenüber dem Schuldner zu vertreten und ev. eine Förderung ihrer Interessen auf dem Wege der Unterstützung durch die eigene Regierung herbeizuführen. Als Geschäftsstelle bzw. Treuhänder für diese zum Schutze der notleidenden oder gefährdeten Interessen der deutschen Gläubiger gebildeten Vereinigungen wird in den letzten Jahren regelmäßig eine der bestehenden „Treuhandgesellschaften" — „Rechtsanwälte auf Aktien", wie sie genannt worden sind, — bestellt. Diese, bisher in der Zahl von zehn hauptsächlich von den Effektenbanken und großen Firmen errichtet, haben die statutenmäßige Aufgabe, Treuhandfunktionen, insbesondere auch die Vertretung der Besitzer in- und ausländischer Wertpapiere, zu übernehmen. Die älteste von ihnen, die von der deutschen Bank im Jahre 1892 gegründete Deutsche Treuhandgesellschaft Aktiengesellschaft, ist bereits in einer Reihe von Fällen, so namentlich im Jahre 1898 bei der äußeren Schuld der argentinischen Provinz Buenos Ayres, der sog. Cedulaschuld, und im Jahre 1902 bei der Vereinigung der deutschen Besitzer türkischer Staatspapiere als führendes Organ der Schutzvereinigung mit Erfolg tätig gewesen. [1])

In England ist „dank dem dort so verbreiteten Geist persönlicher und gemeinschaftlicher Initiative" die Lösung auf einem anderen Wege gefunden worden. Daselbst besteht bereits seit 1873 eine gemeinnützige freie Vereinigung, deren Verfassung auf den Bestimmungen einer besonderen Parlamentsakte (zuletzt v. 25. Juli 1898) beruht, die Corporation of foreign bondholders, ein permanentes Schutzkomitee, welchem die ständige Überwachung und Beschützung der

---

[1]) Vgl. W. Nachod a. a. O. S. 109.

Rechte und Interessen von Inhabern öffentlicher, sowohl von ausländischen wie auch von sonstigen öffentlichrechtlichen und privatrechtlichen Körperschaften ausgegebener, Schuldverschreibungen (u. Aktien) obliegt. Unter der Leitung der Corporation werden erforderlichenfalls Schutzkomitees von Besitzern der betreffenden Auslandswerte gebildet. Sie überwacht die Schritte der letzteren, vermittelt Arrangements mit den notleidenden Schuldnern und fördert alle den Gläubigern nützlichen Maßregeln (auch solche der heimischen Gesetzgebung), wozu auch die Beteiligung an verwandten Vereinigungen im Ausland gehört. Gleiche Zwecke verfolgen die im Anschluß an das englische Vorbild geschaffenen Schutzkörperschaften in Belgien und Frankreich, die französische Association nationale und die belgische Association pour la défense des détenteurs de Fonds publics, wenngleich sie in ihrer Organisation und Ausgestaltung von dem englischen Council nicht unerheblich abweichen.

In Deutschland sind übrigens bereits seit langem lebhafte Bestrebungen im Gange, welche auf die Errichtung einer ständigen Schutzvereinigung nach dem Muster der englischen Corporation of foreign bondholders hinauszielen.

Sind mehrere Länder an der notleidenden Anleihe eines fremden Staates beteiligt, so werden durch eine gemeinsame Aktion der in den einzelnen Ländern bestehenden Schutzvereinigungen die wirksamsten Schritte gegenüber dem zurzeit zahlungsunfähigen oder zahlungsunwilligen Schuldner zu erzielen sein. Sieht dieser sich einem geschlossenen internationalen Verbande seiner sämtlichen bisherigen Gläubiger gegenüber, so wird er im Interesse seines ferneren Kredits am ehesten zur Erfüllung seiner Verdindlichkeiten, ev., falls er hierzu außerstande ist, zu einem für die Gläubiger nicht allzu nachteiligen Arrangement zu zwingen sein.

Auf diese Weise sind im Laufe der Jahre Arrangements der Gläubiger mit einer Reihe von Mächten zweiten Ranges, so mit Portugal, Mexiko, Argentinien zustande gekommen. Freilich sind die Schritte der Gläubiger-Schutzkomitees nicht immer von Erfolg begleitet gewesen. Öfters sind solche Arrangements von dem Schuldner „mit dem Revolver in der Hand“ abgeschlossen worden, d. h. unter der Drohung, daß, wenn die Gläubiger sich auf die vom Schuldner gestellten Bedingungen nicht einigten, sie völlig leer ausgingen. Trotz der mitunter guten Erfolge dieser Organisationen wird ihnen in Zukunft der Vorwurf nicht erspart werden, daß die Durchführung ihrer Aktionen mit unverhältnismäßigen hohen Spesen verknüpft war. Zudem fehlt hier die Möglichkeit wirksamer Zwangsmaßregeln und, um an Autorität nichts einzubüßen, sind die permanenten Schutzkomitees auch zuweilen allzusehr und allzuleicht geneigt, Vergleiche zum Nachteile der von ihnen vertretenen Gläubiger abzuschließen.

§ 4.

Die Zwangsmittel für die Eintreibung von Staatsschulden. Klagen aus öffentlichen Anleihen und staatliche Intervention.

Dreierlei Mittel zu einer zwangsweisen Verwirklichung der Ansprüche der auswärtigen Gläubiger aus dem Anleiheverhältnisse gegen den Schuldnerstaat kommen in Betracht:

Die Verfolgung der Ansprüche der Gläubiger vor den bürgerlichen Gerichten, sei es des Schuldnerstaates, sei es des Gläubigerstaates;

die Anwendung völkerrechtlicher, eventuell kriegerischer Zwangsmittel seitens des Staates, dem die Gläubiger angehören, gegen den vertragsbrüchigen Schuldnerstaat;

die Geltendmachung der Ansprüche seitens der Gläubiger vor einem internationalen Schiedsgerichte.

Die Anrufung der Gerichte des Schuldnerstaates gegen den vertragsbrüchigen Staat wird nicht selten als ein Schlag ins Wasser, als eine Vergeudung von Geld und Mühe betrachtet, weil die ausländischen Gläubiger bei einer Klage gegen den Staat vor seinen eigenen Gerichten auf eine unparteiische Tätigkeit nicht zu rechnen hätten. Dies mag für zentral- und südamerikanische und für gewisse orientalische Staaten in der Tat zutreffen; bei Staaten indessen mit unparteiischer Rechtspflege, in denen der Fremde den gleichen Rechtsschutz und die gleichen Rechtsgarantien genießt wie der Einheimische, kann es unter Umständen mit Rücksicht auf die Beschleunigung von Vorteil sein, die Ansprüche vor die kompetente Jurisdiktion des Landes zu bringen. Freilich ist die Stellung der Gläubiger insofern eine prekäre, als der Staat innerhalb seines Staatsgebiets sich auch in der Stellung eines Gesetzgebers befindet und es daher in seiner Gewalt hat, ob er vor seinen eigenen Gerichten Recht nehmen und geben will. Der Staat kann nämlich generell durch ein Gesetz vorschreiben, daß Ansprüche aus Anleihen gerichtlich gegen ihn nicht verfolgbar sein sollen. So steht die französische Jurisprudenz überwiegend auf dem Standpunkt, daß die Anlehnsgläubiger gegen den Staat aus Anleiheforderungen keine Klage vor seinen eigenen Gerichten haben. Ebenso haben die englischen Gerichte entschieden, daß die von einem Staate ausgegebenen Obligationen der Beurteilung weder der einheimischen noch der auswärtigen Gerichte unterstehen. Auch in den Vereinigten Staaten von Amerika ist der gerichtliche Weg wegen der Ansprüche aus Staatsanleihen gegen Einzelstaaten sowohl vor den Unionsgerichten wie sogar auch vor den eigenen Gerichten des Staates ausgeschlossen, es sei denn, daß die gesetzgebende Behörde das letztere ausdrücklich gestatte.[1])

Selbst wenn es aber auch rechtlich zulässig und möglich ist, einen mit vollstreckbarer Kraft ausgestatteten Schuldtitel gegen den schuldnerischen Staat vor seinen eigenen Gerichten zu erzielen, so ist es doch völlig ausgeschlossen, daß einem Staate gegenüber dieselben Exekutionsmittel zur Anwendung kommen wie gegenüber einem Privatmann. Gilt dieser Grundsatz schon gegenüber Gemeinden und anderen öffentlich-rechtlichen Körperschaften, so wird er gegenüber dem Staate in erhöhtem Maße durch die Regeln des öffentlichen Rechtes, insbesondere durch das Bedürfnis gerechtfertigt, die Verwaltung staatlicher Angelegenheiten vor Störungen zu bewahren. Eine Zwangsvollstreckung in die den öffentlichen Zwecken gewidmeten Grundstücke, wie öffentliche Dienstgebäude, Postanstalten, das Inventar der staatlichen Eisenbahnen würde diese ihrer eigentlichen Bestimmung entziehen und daher die öffentlichen Interessen auf das schwerste schädigen.[2])

[1]) Nach einem preußischen Ges. von 1823 waren Forderungen gegen den preußischen Staat aus Anleihen unklagbar. Durch EG. ZPO. § 4 hat diese Vorschrift als beseitigt zu gelten.

[2]) EGZPO. § 15³ läßt die landesgesetzlichen Vorschriften über die

Nun verpflichten sich aber auch zahlreiche Staaten, welche im Auslande Anleihen aufnehmen, in den Emissionsbedingungen dazu, die Verbindlichkeiten aus den Anleiheverträgen im Ausland zu erfüllen, insbesondere die Zinsen im Auslande zu zahlen und die Rückzahlung der Kapitalien im Ausland zu bewirken. Sonach entsteht die Frage, ob in solchen Fällen, wo an sich nach allgemeinen Grundsätzen die örtliche Zuständigkeit der Gerichte des Auslandes vorhanden ist (z. B. deutsche ZPO. § 29), die letzteren zuständig sind, Klagen gegen den schuldnerischen Staat, der seine Verpflichtungen aus dem Anlehnsvertrage nicht erfüllt, anzunehmen und zu entscheiden. Würden die Gerichte des Auslandes in solchen Streitigkeiten zuständig sein, so würde dies einen großen Vorteil für die Gläubiger bedeuten; denn der schuldnerische Staat würde nicht in der Lage sein, wie bei Rechtsverfolgungen innerhalb seines eigenen Staatsgebietes, sich durch gesetzgeberische Maßnahmen von seinen Verpflichtungen zu befreien.

Die Frage, ob ein Staat in Rechtsstreitigkeiten den Gerichten des Auslandes unterworfen ist, ist in hohem Maße streitig.

Da die Frage darauf hinausläuft, ob und inwieweit der Inhaber der Staatsgewalt durch seine Gerichte die Gerichtsgewalt über andere Staaten auszuüben berechtigt ist, so ist die Beantwortung der Frage Sache des Völkerrechts, denn dieses gibt die Rechtsnormen an, die von den großen Kulturstaaten untereinander und im Verkehr mit den anderen Staaten anerkannt sind und gehandhabt werden. Hierbei ist indessen zu beachten, daß das Völkerrecht mit seinen Normen sich ledig-

---

Zwangsvollstreckung wegen Geldforderungen gegen den Fiskus unberührt, soweit nicht dingliche Rechte verfolgt werden. Daher besteht für Preußen die Bestimmung der allg. Ger.O., nach der zur Exekution gegen den Fiskus „eine Rücksprache der Gerichte und Verwaltungsorgane und nötigenfalls der Bescheid des Justizministers erforderlich ist" (Anhangsparagraph 202 zu § 90 I 29). Nach einzelnen bundesstaatlichen Ausführungsgesetzen zur KO. findet die Zwangsvollstreckung gegen den Fiskus ohne Einmischung der Gerichte ausschließlich auf dem Verwaltungswege statt (Bayrisches AGZPO. u. KO. vom 23. Februar 1879 u. 9. Juni 1899), oder es darf die Zwangsvollstreckung erst beginnen, nachdem der betreibende Gläubiger die den Fiskus vertretende Behörde von der Erteilung einer vollstreckbaren Ausfertigung des Schuldtitels benachrichtigt hat und eine bestimmte Frist seitdem verstrichen ist (Hessisches AGZPO. u. KO. vom 22. Septbr. 1899).

lich an die Inhaber der Staatsgewalt wenden kann, denen die Beobachtung der völkerrechtlichen Grundsätze und ihre Durchführung obliegt. Für die Gerichte dagegen sind in erster Linie nicht die Normen des Völkerrechts, sondern die Gesetze des Landes maßgebend, ohne Rücksicht darauf, ob diese dem Völkerrecht entsprechen oder nicht. Werden die Gerichte durch ein Landesgesetz für zuständig erklärt, Rechtsstreitigkeiten fremder Staaten mit Privatpersonen zu entscheiden, so haben sie dementsprechend zu verfahren, auch wenn hierin eine Verletzung des Völkerrechts liegen sollte. [1])

An einer positiven gesetzlichen Bestimmung über die vorliegende Frage fehlt es nun sowohl in Deutschland wie in den übrigen Kulturstaaten. Der § 18 des deutschen Gerichtsverfassungsgesetzes bezieht sich lediglich auf die Exterritorialität der Chefs und Mitglieder der bei dem Deutschen Reich und bei einem deutschen Bundesstaat beglaubigten Missionen, nicht aber auf die Exemtion fremder Staaten von der deutschen Gerichtsbarkeit. Auch vertragliche Abmachungen in Staatsverträgen zwischen dem Deutschen Reich und ausländischen Staaten existieren nicht. Am 18. Januar 1885 wurde dem deutschen Reichstag allerdings ein Gesetzentwurf vorgelegt, durch den angeordnet werden sollte, daß ein nicht zum Deutschen Reich gehöriger Staat sowie das Staatsoberhaupt der inländischen Gerichtsbarkeit nicht unterstehen (Sten. Berichte des Reichstags 1884/85 Bd. II S. 1139—1143). Der Entwurf wurde einer Kommission überwiesen, die die Ablehnung bean-

[1]) Vgl. Löning a. a. O. S. 169 ff. — In Deutschland entscheiden die Gerichte über die Zulässigkeit des Rechtswegs (§ 17 Abs. 1 GVG). Indessen kann in denjenigen Bundesstaaten, in denen eine besondere Behörde (Gerichtshof) zur Entscheidung von Kompetenzkonflikten zwischen Gerichten und Verwaltungsbehörden besteht (§ 17 Abs. 2 a. a. O.), die politische Behörde (Ministerium des Auswärtigen), wenn sie den Rechtsweg gegen den auswärtigen Staat für unzulässig hält, diese Frage den ordentlichen Gerichten entziehen und zur Entscheidung des Kompetenzgerichtshofes bringen. Die Erhebung des Kompetenzkonflikts ist aber unzulässig, wenn die Zulässigkeit des Rechtsweges bereits durch rechtskräftiges Gerichtsurteil feststeht (§ 17, 4 a. a. O.), oder wenn nicht ein Landesgericht des betr. Staates, sondern das Reichsgericht oder ein kaiserliches Gericht (Konsulargericht) mit der Sache befaßt ist (RGVerein.Ziv.Sen. 48, 195). In Preußen besteht der Gerichtshof zur Entscheidung der Kompetenzkonflikte gemäß Verordn. v. 1. August 1879 (GS. 573).

tragte, weil sie das Gesetz für nicht erforderlich und für bedenklich hielt. Auf diese Weise ist das Gesetz im Plenum überhaupt nicht zur Beratung gelangt.

Die einzige die vorliegende Frage berührende gesetzliche Bestimmung enthält § 24 ZPO., welcher anordnet, daß unter Zustimmung des Bundesrats durch Anordnung des Reichskanzlers ein Vergeltungsrecht gegen einen ausländischen Staat zur Anwendung gebracht werden kann. Hiernach könnte gegen diejenigen Staaten, in denen das Deutsche Reich oder deutsche Bundesstaaten der einheimischen Gerichtsbarkeit unterworfen werden, ein Vergeltungsrecht in dem Sinne geübt werden, daß durch Verordnung des Reichskanzlers unter Zustimmung des Bundesrats die deutschen Gerichte bei Klagen gegen den betreffenden Staat für sachlich zuständig erklärt werden. [1])

In der völkerrechtlichen Literatur besteht nun zwar allgemein darin Übereinstimmung, daß ein Staat der Gerichtsgewalt eines anderen Staates dann nicht unterworfen ist, wenn es sich um Akte der Staatsgewalt handelt, die der fremde Staat in Ausübung der Staatsgewalt, jure imperii, vornimmt. Dagegen herrscht erheblicher Zweifel darüber, ob in gleichem Sinne dann zu entscheiden ist, wenn der Staat nicht als öffentliche Gewalt sondern als juristische Person auf dem Gebiete des Privatrechts, als Fiskus („jure gestionis"), z. B. als Anlehnsschuldner, in Betracht kommt. In der englischen und franzosischen Literatur wird fast übereinstimmend die Ansicht vertreten, daß Staaten in bürgerlichen Rechtsstreitigkeiten, abgesehen von bestimmten Ausnahmefällen, einer fremden Gerichtsbarkeit nicht unterstehen. [2]) Auch die deutsche Literatur steht überwiegend auf dem Standpunkt, daß kein Staat vor die Gerichte eines anderen ohne seinen Willen gestellt werden kann. [3])

---

[1]) Vgl. RG. 62, 168.

[2]) Abweichend Massé, Demangeat, Roger, Trochon; vgl. Löning a. a. O. S. 221 ff.; Lacombe, Über den Schutz der Inhaber fremdländischer Staatspapiere in Conrads Jahrb. für Nationalökonomie und Statistik 3. Folge Bd. XX (1900) S. 788.

[3]) v. Liszt a. a. O. S. 68/69, Droop in Gruchots Beiträgen 26 S. 289, Löning a. a. O. S. 84. Anderer Ansicht v. Bar, Theorie und Praxis des intern. Privatrechts II S. 660—690, der die Zuständigkeit fremder Gerichte

Den gegenteiligen Standpunkt nimmt die italienische Doktrin des Völkerrechts ein, der hierin auch die italienische Gerichtspraxis in den letzten Jahren gefolgt ist.

Mit der überwiegenden Auffassung der völkerrechtlichen Theorie stimmt die Gerichtspraxis der größeren Kulturstaaten überein. Insbesondere stehen die höheren Gerichte in Deutschland, Österreich, Frankreich, England und den Vereinigten Staaten von Amerika auf dem Standpunkt, daß der auswärtige Staat der Gerichtsbarkeit der inländischen Gerichte regelmäßig nicht unterworfen sei. Diese Auffassung hat sich auch das Reichsgericht in einem Urteil vom 12. Dezbr. 1905 bei Gelegenheit eines Prozesses gegen den belgischen Staats- und Eisenbahnfiskus zu eigen gemacht,[1]) nachdem bereits früher der preußische Kompetenzgerichtshof in seinen Entscheidungen vom 14. Januar 1882 [2]) und vom 14. Juni 1902 [3]) und der bayrische Kompetenzgerichtshof den gleichen Grundsatz aufgestellt hatten.

Einen abweichenden Standpunkt beobachten in den jüngsten Zeiten allein die belgischen [4]) und die italienischen [5]) Gerichte, welche die Unabhängigkeit von fremder Gerichtsbarkeit dem Staat nur als öffentlicher Gewalt (être politique), nicht aber als juristischer Person auf dem Gebiet des Privatrechts (être civil) zuerkennen und, sofern die örtliche Zuständigkeit gegen einen Staat vorliegt, auch die sachliche für begründet ansehen.

Im wesentlichen übereinstimmend gilt also die Exemtion von der fremden Gerichtsbarkeit als derjenige Grundsatz, welcher der aus dem Grundgedanken des Völkerrechts sich

über Staaten aus Verträgen im allgemeinen für begründet hält, sofern die letzteren im Ausland von beiden Seiten zu erfüllen sind, aber in betreff der Staatsanleihen hiervon eine Ausnahme machen will.

[1]) RG. 62, 165.

[2]) Abgedruckt im Preuß. Justiz-Ministerialbl. 1905 Nr. 28.

[3]) Vgl. Zeitschr. f. intern. priv. u. öffentl. R. XIII S. 397.

[4]) Kassationshof Brüssel Urt. v. 11. Juni 1903 in Zeitschr. für intern. priv. u. öffentl. R. XVI S. 243 ff.

[5]) Urteile der Appellhöfe von Rom, Neapel, Florenz usw. in einer Reihe von Fällen in den Jahren 1886—1893 vgl. Löning a. a. O. S. 221; Gabba im Journ. du droit intern. privé XVI S. 543 ff.

ergebenden Unabhängigkeit der souveränen Staaten voneinander entspricht.[1])

Der vorstehende Satz erfährt indessen nach mehreren Richtungen hin Durchbrechungen. So wird insbesondere allgemein anerkannt, daß der Staat sich der fremden Gerichtsbarkeit freiwillig unterwerfen kann. Ein solcher Verzicht auf die Exemtion kann sowohl in einem völkerrechtlichen Vertrage als auch durch eine anderweite Willenserklärung, insbesondere in einem mit seinen Privatgläubigern abgeschlossenen Vertrage, erfolgen. Er kann auch in den Emissionsbedingungen eines Anlehns seitens des Schuldnerstaates erklärt werden und gilt alsdann als lex contractus für das betreffende Anlehn.[2]) Eine Unterwerfung unter die fremde Gerichtsbarkeit ist auch dann anzunehmen, wenn der Staat seinen Anlehnsgläubigern zur Sicherung ihrer Forderungen, z. B. der fälligen Zinsen, ein Pfand an beweglichen Sachen im Inlande bestellt, z. B. Sicherheiten bei den Emissionshäusern hinterlegt. Voraussetzung hierfür bildet aber, daß nach dem Willen der Beteiligten den Obligationären als solchen ein unmittelbarer Anspruch auf die hinterlegten Beträge erwachsen soll. Anderenfalls wirkt die Vereinbarung nur zwischen dem Staat und seinen Bankverbindungen. Dies ist in der Regel dann der Fall, wenn der Staat gewisse Beträge des von ihm aufgenommenen Kapitals bei den letzteren „thesauriert", wie dies z. B. der russische Staat regelmäßig tut.

Hat der fremde Staat selbst vor dem Gerichte des Inlandes Klage erhoben, so ist eine solche Unterwerfung bezüg-

---

[1]) Von dem obigen Prinzip gehen auch die 1891 gefaßten Beschlüsse des Institut de droit international aus (Annuaire de l'Institut XI S. 436 ff.).

[2]) Zulässig ist auch ein stillschweigender Verzicht auf die Exemtion seitens des Staates. Nur muß er mit Sicherheit aus der Handlung des Staates zu entnehmen sein; unzulässig ist die Fiktion eines solchen. So unterwirft sich ein Staat, der zum Zweck der Einlösung der fälligen Zinsscheine und rückzahlbaren Schuldverschreibungen im Inlande Zahlstellen errichtet, noch keineswegs der inländischen Gerichtsbarkeit, vgl. Löning a. a. O. S. 291 Anm. 1; Politis a. a. O. S. 215; Freund a. a. O. S. 258. Unrichtig daher auch die oben (Note 1) angeführten Beschlüsse des Institut de droit international, insoweit sie Klagen aus Verträgen, die von dem fremden Staate im Lande geschlossen und daselbst zu erfüllen sind, für zulässig halten, wovon freilich die öffentlich aufgelegten Staatsanleihen ausgeschlossen werden.

lich des gesamten Rechtsstreites, also auch bezüglich der Entscheidung über die Tragung der Gerichtskosten, anzunehmen. Zweifelhaft ist, ob in der Klage vor den inländischen Gerichten durch einen ausländischen Staat zugleich auch seine Unterwerfung unter jede Widerklage liegt, die nach den inländischen Gesetzen bei dem Gerichte der Klage erhoben werden kann. Die neuere Theorie ebenso wie die Gerichtspraxis des In- und Auslandes stehen überwiegend auf dem Standpunkt der Bejahung dieser Frage.[1]) Begründet wird dies damit, daß einem vor einem inländischen Gerichte Beklagten aus der besonderen Stellung des Klägers irgendein Nachteil nicht erwachsen darf, und daß es einen Kampf mit ungleichen Waffen bedeutete, wenn der Kläger auf Grund der ihm sonst zukommenden Exterritoralitätsrechte den Beklagten in seiner Verteidigung zu beschränken berechtigt wäre. Der beklagten Partei müsse es also freistehen, sich zu ihrer Verteidigung aller Rechtsmittel und Rechtsbehelfe zu bedienen, die das heimische Recht ihr gegen jeden anderen Kläger zugestehe.[2]) Dieser Gesichtspunkt trifft schon im allgemeinen für die Widerklage nicht zu, weil diese über die prozeßrechtliche Natur eines Verteidigungsmittels weit hinausgeht, ev. den Rahmen der Klage beliebig überschreiten kann.[3]) Von einer stillschweigenden Unterwerfung unter die fremde Gerichtsbarkeit kann jedenfalls bezüglich solcher widerklageweise geltend gemachter Ansprüche nicht die Rede sein, die mit dem klageweise erhobenen An-

---

[1]) Dafür v. Bar a. a. O. II S. 675; Bonfils Lehrbuch des Völkerrechts S. 141; die Beschlüsse des Institut de droit intern. von 1891; ebenso die englische und französische Gerichtspraxis (vgl. Droop in Gruchot S. 289 ff.); Urteil des bayerischen Gerichtshofes für Kompetenzkonflikte v. 4. März 1885 und des Reichsgerichts 62, 165; vgl. auch Begründung zu dem S. 33 angeführten Gesetzentwurf betr. Ergänzung des § 17 GVG (Sten. Ber. Reichstags-Session 1884/85 Bd. 5 S. 417. — Dagegen Bluntschli a. a. O. S. 125, 3, ebenso auch Struckmann-Koch, Kommentar zur ZPO. zu § 20 GVG (Bd. II S. 504 ff.); Löning a. a. O. 296/297.

[2]) So entschied auch das deutsche Konsulargericht in Shangai auf Berufung gegen das Urteil des kaiserl. Gerichts in Tsingtau am 9. April 1907 in dem jüngst viel besprochenen Rechtsstreit, der von der russischen Regierung gegen den deutschen Staatsangehörigen v. Hellfeld vor dem Gericht in Tsingtau angestrengt war.

[3]) RGVerein.Ziv.Sen. 57, 307.

spruch nicht in rechtlichem Zusammenhang stehen;[1]) dies schon deshalb, weil bei diesen meist ein neuer willkürlicher Faktor in das Verfahren hineingetragen wird, den der Kläger in vielen Fällen gar nicht voraussehen konnte. Eine so weitgehende Fiktion einer Unterwerfung unter die fremde Gerichtsbarkeit enthält zudem auch eine arge Benachteiligung des klagenden Staates, da diesem, wenn er gegenüber einem im Ausland wohnenden fremden Untertan sein Recht verfechten will, schließlich nichts anderes übrig bleibt, als ihn im Ausland zu verklagen.

Die Unterwerfung eines Staates unter die fremde Gerichtsbarkeit zieht ohne weiteres auch die Unterwerfung unter den fremden Gerichtszwang d. h. die Vollstreckung aus dem ergangenen Urteil im Fall der Verurteilung und die Möglichkeit der Anordnung von Arresten gegen den Staat nach sich, sofern sich im Gebiet der fremden Gerichtsbarkeit pfändbare Objekte des letzteren befinden. Freilich findet sich mitunter die Ansicht vertreten, daß zwischen Rechtsprechung und Gerichtszwang zu unterscheiden sei, und daß fremde Staaten, auch im Falle des Verzichts auf die Exemtion, nur der Rechtsprechung, nicht aber dem fremden Gerichtszwang unterstehen.[2])

Diese Ansicht verkennt indessen das Wesen des gerichtlichen Urteils, dessen Eigenart als Akt der Staatsgewalt gerade darin besteht, daß zu seiner Durchführung die Zwangsgewalt des Staates bereitgestellt wird. Mit Recht bemerkt Löning, daß es einen Widerspruch in sich schließe, wenn man den Staat für zuständig erklären würde, über fremde Staaten unter gewissen Voraussetzungen die Gerichtsbarkeit auszuüben, aber ihn für unzuständig erklären, gegen fremde Staaten das Urteil durchzuführen, auch soweit dies innerhalb seines Gebietes möglich ist.[3]) Ein völkerrechtlicher Grundsatz, daß eine ge-

---

[1]) Bekanntlich sieht die neuere Praxis bezüglich der Widerklage von dem Erfordernis des rechtlichen Zusammenhanges ab; vgl. RG. 46, 424; Heinsheimer, „Klage und Widerklage" in Ztschr. f. d. Ziv.Pr. 38 (1908) S. 1 ff.

[2]) Laurent, Droit international privé III S. 87 ff.; Bonfils, Lehrb. des Völkerrechts (3. Aufl.) S. 142.

[3]) Löning a. a. O. S. 260. Freund, Rechtsverhältnisse der öffentlichen Anleihen S. 257 und im „Tag" Nr. 8 vom 11. Januar 1910; Mendelsohn-Bartholdy in Frankfurter Zeitung Nr. 8 vom 9. Januar 1910.

richtliche Zwangsvollstreckung in das im Inland befindliche Vermögen eines fremden Staates unzulässig sei, weil dieses Vermögen der inländischen Staatsgewalt grundsätzlich nicht unterstehe, wie es vereinzelt behauptet worden ist,[1]) existiert nicht. Vielmehr sind nach völkerrechtlichen Grundsätzen ein für allemal lediglich solche Gegenstände von der Zwangsvollstreckung befreit, bei denen die Staatshoheit in Betracht kommt, wie Gesandtschaftsgebäude, Kriegsschiffe, Zollhäuser u.dgl. Im übrigen bezieht sich die Exemtion von der Pfändung nur auf solche Objekte, die durch besondere gesetzliche Bestimmungen oder völkerrechtliche Abmachungen den Zwangsvollstreckungen entzogen sind z. B. Inventar der Posthaltereien, Fahrbetriebsmittel der Eisenbahnen u. dgl.

Wie aus dem Gesagten ersichtlich, ist das ordentliche Gerichtsverfahren in der Regel machtlos, um der Verpflichtung des Schuldnerstaates gegenüber seinen auswärtigen Gläubigern wirksame Anerkennung zu sichern. Bei der Bedeutung, welche die Beteiligung des heimischen Kapitals an ausländischen Anleihen nicht nur für die einzelnen Gläubiger, sondern in finanzieller, politischer, wirtschaftspolitischer, ja weltwirtschaftlicher Hinsicht für die Gläubigerstaaten selbst hat, leuchtete die praktische Wichtigkeit und schwerwiegende Tragweite eines fehlenden und unzulänglichen Rechtsschutzes und die gebieterische Notwendigkeit, ihre Untertanen gegenüber Vertragsbrüchen fremder Staaten zu schützen, den Regierungen derjenigen Staaten, denen die Gläubiger angehören, schon früh ein. Die Frage, ob für die Regierungen der geschädigten Gläubiger die Möglichkeit besteht, kraft ihres Schutzrechts zugunsten ihrer Untertanen gegen den vertragsbrüchigen Staat völkerrechtlich vorzugehen, ist in der Theorie bisher lebhaft bestritten worden. Mit Recht wird eine staatsrechtliche Verpflichtung zur Intervention seitens des Staates seinen geschädigten Untertanen gegenüber überwiegend in Abrede gestellt, denn die Sonderinteressen der Gläubiger haben nur insoweit Anspruch auf Berücksichtigung, als dies mit den Interessen der Allge-

[1]) So vom preußischen Minister des Auswärtigen in dem Schreiben vom 29. Dezbr. 1909, durch welches der Kompetenzkonflikt in der bereits oben erwähnten Streitsache v. Hellfeld gegen den Fiskus des russischen Reiches erhoben worden ist.

meinheit vereinbar ist.[1]) Dagegen ist die Zulässigkeit einer Intervention vom völkerrechtlichen Standpunkte bisher meist anerkannt worden, wenn auch über die Voraussetzungen für sie die Meinungen auseinandergingen. Bereits in einer bekannten Depesche Lord Palmerstons im Januar 1848 hat der fakultative Charakter der Intervention scharfen Ausdruck gefunden. Nach allgemeinen Grundsätzen des Völkerrechts, noch mehr indessen vom Boden unserer Auffassung aus, wonach das Verhältnis des Staates zu seinen auswärtigen Glaubigern ein völkerrechtsähnlicher Vertrag ist, wird man die Intervention unter den Voraussetzungen für berechtigt ansehen dürfen, unter denen eine eigenmächtige Selbsthilfe des Staates gegen einen anderen Staat, die Anwendung von Repressalien und Retorsionen, als berechtigt erscheint. Also nicht schon die Tatsache, daß der fremde Staat nicht zahlungsfähig ist, dürfte eine Rechtfertigung für eine Intervention bilden, wohl aber, daß trotz vorhandener Mittel seitens des schuldnerischen Staates in böswilliger Weise die Zahlung verweigert wird, daß die ausländischen Gläubiger widerrechtlich behandelt, insbesondere gegenüber den inländischen Gläubigern zurückgesetzt werden, daß einzelne Kategorien von Gläubigern gegenüber anderen bevorzugt werden, daß die zugunsten einzelner Anlehen bestellten besonderen Sicherheiten ihnen entzogen werden, überhaupt daß die Nichtbezahlung der öffentlichen Schulden von Betrug und Unrecht begleitet ist.

Übrigens ist durch das bereits erwähnte, alsbald noch näher zu besprechende Abkommen betreffend die Beschränkung der Anwendung von Gewalt bei der Eintreibung von Vertragsschulden, welches nach den Beschlüssen der II. Haager Friedenskonferenz von 39 Staaten, darunter Österreich-Ungarn und Deutschland, angenommen worden ist, im Prinzip das Recht zur Selbsthilfe und zur Anwendung von Gewalt anerkannt worden. Freilich nur unter gewissen Voraussetzungen, die von A. H. Fried dahin formuliert worden sind: Erst Schiedsgericht, bevor gekämpft wird.[2])

---

[1]) Anders Zorn im Bankarchiv VI S. 106, der aus Art. 3 Abs. 6 der Reichsverfassung einen besonderen Rechtsanspruch der Gläubiger gegen ihren Staat auf Schutz gegenüber dem Auslande herleitet; vgl. Freund a. a. O. S. 271.

[2]) A. H. Fried, „Die II. Haager Konferenz" S. 183 ff. Diese Konsequenz

Die Praxis bietet, namentlich im Laufe des neunzehnten Jahrhunderts, zahlreiche Beispiele von Interventionen zugunsten der Staatsgläubiger, doch handelte es sich dabei regelmäßig um kleinere und schwächere Staaten, insbesondere auch solche von geringerer Kultur, während mächtige Staaten von Interventionen stets verschont blieben.[1]) Die Mittel, die dabei seitens der intervenierenden Staaten Anwendung finden, können sich von der Absendung diplomatischer Noten, Durchführung von Retorsionen und Repressalien, wie Eröffnung eines Zolltarifkrieges, Nichterfüllung von Handels- und Begünstigungsverträgen, Ausschluß der Anleihen des vertragsbrüchigen Staates vom Börsenhandel und Versagung der Zulassung neuer Anleihen des Staates zum Börsenhandel,[2]) Beschlagnahme von Geld, das der ausländische Staat im Inlande z. B. bei Banken im Depot liegen hat, bis zur Anwendung von Gewalt, insbesondere Vornahme von Blockaden, Wegnahme fremden Staatseigentums, sogar bis zur Einmischung in die inneren Angelegenheiten des Staates, insbesondere zur Erzwingung einer Finanzkontrolle steigern. Maßgebend hierfür ist der Grad des

des Abkommens wurde auch bei den Verhandlungen der Konferenz von dem argentinischen Vertreter, der ein Gegner des dem Abkommen zugrunde liegenden amerikanischen Vorschlags war, anerkannt; vgl. Nippold a. a. O. S. 253.

[1]) Z. B. Intervention Frankreichs 1869 gegenüber dem Bey von Tunis, um ihn zur Bezahlung seiner französischen Gläubiger, der Inhaber eines tunesischen Anlehns, zu zwingen; Intervention Englands 1850 gegenüber der griechischen Regierung usw.

[2]) Ausschluß und Versagung erfolgen in Deutschland auf Grund des Börsengesetzes § 36 durch die ein selbständiges Börsenorgan bildende Zulassungsstelle. Diese hat die Aufgabe und Pflicht, Emissionen nicht zuzulassen, „durch welche erhebliche allgemeine Interessen geschädigt werden, oder welche offenbar zu einer Übervorteilung des Publikums führen". Daß eine Vertragsuntreue fremder Staaten ihren Gläubigern gegenüber nicht nur eine Schädigung der letzteren, sondern überhaupt eine Schädigung allgemeiner Interessen im Sinne des Börsengesetzes bedeutet, ist nach dem vorher Gesagten nicht zweifelhaft (anders und unrichtig Friedeberg im Bankarchiv VIII S. 331). Daher können nicht nur neue Anleihen solcher Staaten aus diesem Grunde seitens der Zulassungsstelle zurückgewiesen, sondern auch alte nachträglich vom Börsenhandel ausgeschlossen werden. Bei der Entscheidung der Frage wird die Zulassungsstelle im allgemeinen etwaigen Erklärungen der zur Wahrnehmung der Staatsinteressen befugten Staatsorgane zu folgen haben (Dove in dem 1909 im Verlag von Guttentag erschienenen Kommentar zum Börsengesetz zu § 36 Anm. 9).

geübten Unrechts, noch mehr maßgebend allerdings in der Praxis, wie bereits erwähnt, die Qualität des Schuldners. Das Beispiel einer Anwendung von Gewalt bietet die gemeinsame Intervention Deutschlands und Englands gegen Venezuela im Jahre 1902, das nicht nur die Verletzungen fremder Untertanen in ihrem Eigentum geduldet, sondern auch der Erfüllung der Verpflichtungen aus seinen zum größten Teil in den Händen von Deutschen und Engländern befindlichen Staatsschulden sich widerrechtlich entzogen hatte. Nachdem seitens der beiden Mächte, unter späterer Beteiligung von Italien, eine Blockade über venezolanische Häfen stattgefunden hatte, verpflichtete sich Venezuela im Jahre 1904 nach längeren Verhandlungen dazu, u. a. den Forderungen der Staatsgläubiger gerecht zu werden.[1])

Als ein Akt der Intervention stellt sich auch, wie oben schon angeführt, die Erzwingung einer internationalen Finanzkontrolle dar, d. h. die international organisierte Liquidation von Schuldverbindlichkeiten des zahlungsunfähig gewordenen Staates. Der Zweck der Finanzkontrolle ist, den ausländischen Gläubigern eine international verbürgte Garantie für die Erfüllung ihrer Rechtsansprüche zu verschaffen. Zweifellos ist, daß diese Art der Sicherung der Gläubiger eine besonders wirksame ist; ebenso zweifellos ist aber auch, daß jeder Staat nur höchst ungern und unter starkem Druck sich einer solchen Maßregel unterwerfen wird. Sie hat daher für gewöhnlich zwei Voraussetzungen: Erstens eine Einigkeit mehrerer Gläubigerstaaten, welche politische Sonderbestrebungen ausschließt, zweitens eine solche Schwäche und Nachgiebigkeit des Schuldnerstaates infolge vorhergegangener unglücklicher Kriege, politischer Katastrophen, Erschütterungen der Finanzlage, daß die Finanzverwaltung ohne fremde Hilfe nicht weitergeführt werden kann.

In neuerer Zeit ist eine derartige Finanzkontrolle in drei Fällen — mit erheblichen Abweichungen in den Einzelheiten der Verwaltung — nämlich in Ägypten 1880, in der Türkei 1881 und in Griechenland 1898 eingeführt worden. Während hierbei in der Türkei Privaten die Verwaltung staatlicher Ein-

---

[1]) Collas, Der Staatsbankerott und seine Abwicklung 1904 S. 53.

künfte überlassen wurde, ist in Ägypten und in Griechenland ein Finanzkomitee aus Vertretern der Großmächte eingesetzt worden.[1])

§ 5.

Internationales Schiedsgericht, das internationale Abkommen betreffend die Beschränkung der Anwendung von Gewalt bei der Eintreibung von Vertragsschulden von 1907. Notwendigkeit und Ziele einer künftigen internationalen Gesetzgebung zum Schutze der Staatsgläubiger.

Die Intervention in allen ihren Formen bietet indessen nur einen unvollkommenen Ersatz des fehlenden Rechtswegs für die Gläubiger. Denn zunächst mangelt unter Umständen den letzteren der bestimmende Einfluß auf ihre Regierung, für die gewichtige politische Gründe gegen eine Einmischung ausschlaggebend sein können. Sodann aber ist die Intervention in ihrem Erfolg häufig unsicher und gegenüber größeren Staaten, wie erwähnt, so gut wie ausgeschlossen, die erfolgreiche Durchführung, insbesondere die Erlangung einer Finanzkontrolle, von besonderen Umständen auf seiten des Schuldners und der intervenierenden Staaten abhängig. Sodann aber widerstrebt es dem humaner gewordenen Rechtsbewußtsein der zivilisierten Welt, daß um Geldforderungen halber womöglich Waffengewalt zur Anwendung kommt. Hierauf hat schon Bluntschli im Jahre 1868 hingewiesen und für derartige Fälle die Untersagung von Krieg und ein schiedsgerichtliches Verfahren gefordert, durch welches „solche kleinen Händel" geschlichtet werden sollen.[2]) In der Tat ist bei der völkerrechtsähnlichen Natur der internationalen Beziehungen, die zwischen Gläubiger und Schuldnerstaat bestehen, der Eingriff eines internationalen Schiedsgerichts als das gegebene anzusehen. Vereinigt es doch das Prinzip des völkerrechtlichen Staatsschutzes für be-

---

[1]) Näheres bei Freund a. a. O. S. 273; Sartorius v. Waltershausen a. a. O. S. 286; P. Dehn, Weltwirtschaftliche Neubildungen 1904 S. 78.

[2]) Bluntschli, Das moderne Völkerrecht. 1. Aufl. 1868 S. 277. (Wiederholt in der 3. Aufl.)

rechtigte Geldforderungen der Untertanen mit dem Vorteil, daß als Partei die verletzten Privatpersonen selbst auftreten und ihre Rechte selbst verfechten können, ohne auf ein völkerrechtliches Einschreiten ihrer Regierung angewiesen zu sein. Bereits in dem ersten russischen Katalogsentwurf, der den Verhandlungen der I. Haager Friedenskonferenz über die dauernde Einrichtung der Schiedsgerichtsbarkeit zugrunde lag, fand sich an erster Stelle unter denjenigen Punkten, die im Falle eines Streites der obligatorischen Schiedsgerichtsbarkeit unterworfen sein sollten: Geldforderungen von Staat zu Staat oder von Untertanen eines Staates gegenüber einem fremden Staate. Indessen erfolgte aus hier nicht zu erörternden Gründen eine Streichung der ganzen Materie aus der Konvention. Die scharfe Opposition, die sich seit dieser Zeit gegen die völkerrechtliche Zulässigkeit des staatlichen Interventionsrechts wegen Verletzung der Gläubigerrechte bei einer Reihe von Schuldnerstaaten, speziell Süd- und Mittelamerikas, geltend gemacht hat, hat den Schiedsgerichtsgedanken für Streitigkeit dieser Art seiner praktischen Verwirklichung um ein wesentliches Stück näher gebracht. Bekanntlich knüpfte die Bewegung gegen das Interventionsrecht an das bewaffnete Vorgehen Deutschlands und Englands gegen Venezuela im Jahre 1902 an, sie ist hauptsächlich von dem argentinischen Minister D r a g o in die Wege geleitet worden. Mit seinem Namen ist auch die unter der Bezeichnung „Drago-These" von den südamerikanischen Staaten propagierte Doktrin verbunden, wonach europäische Mächte nicht irgend einen amerikanischen Staat wegen nicht bezahlter Schulden mit der Waffe bedrohen oder gar amerikanisches Gebiet okkupieren dürften. Dieser Bewegung gegenüber haben die Vereinigten Staaten von Amerika zunächst eine bedenklich zustimmende Haltung eingenommen und sogar Miene gemacht, auch für solche Fälle die Monroe-Doktrin zum Prinzip zu erheben. Aber schließlich haben sie, als die Frage des absoluten Verbots des Eintreibens von Staatsschulden durch gewaltsame Mittel auf der II. Haager Friedenskonferenz zur Beratung stand, von der ursprünglich geplanten Unterstützung der Drago-These Abstand genommen und einem Abkommen zum Siege verholfen, das auf die Konstituierung eines internationalen Schiedsgerichts für diese Fragen gerichtet war. Freilich ist die auf den Antrag Porters, des Vertreters der Vereinigten Staaten auf der II. Haager Friedenskonferenz, zustande gekommene und von 39 Staaten angenommene Konvention betreffend die Beschränkung der Anwendung von Gewalt bei der Eintreibung von Vertragsschulden,[1]) formell lediglich auf die Einschränkung der völkerrechtlichen Selbsthilfe gerichtet, wie schon ihr Titel deutlich besagt. In der Sache aber unterwirft sie die Fälle der pekuniären Forderungen von Glaubigern gegen Staaten einer obligatorischen Schiedsgerichtsbarkeit, allerdings mit der Maßgabe, daß unter bestimmten alsbald zu erörternden Voraussetzungen der Weg der Selbsthilfe dem Glaubigerstaat wieder offen steht.[2]) Das Abkommen ist insbesondere für Deutschland, für das es kraft seines Beitritts zu demselben gilt, noch nach einer anderen Richtung von besonderer Wichtigkeit. Denn, während dieser Staat sich der Einführung einer obligatorischen Schiedsgerichtsbarkeit zur Vermeidung von Kriegen und Lösung von Völkerrechtskonflikten ganz besonders hartnäckig bisher widersetzt hat, hat er sich hier einem Zwangsschiedsgericht unterworfen, das zwar nicht zur Vermeidung von Kriegen, wohl aber von kriegsähnlichen Zuständen bestimmt ist!

Im einzelnen bestimmt die erwähnte Konvention folgendes:

1. Für die Eintreibung von vertragsmäßigen Schulden, die ein Staat als einem seiner Staatsangehörigen geschuldet von einem anderen Staate fordert, soll Waffengewalt nicht angewandt werden (Art. 1 Abs. 1).

2. Dieser Grundsatz soll in folgenden Fallen nicht gelten:

---

[1]) Vgl. das vom Reichskanzler dem Reichstag vorgelegte Weißbuch über „die Ergebnisse der im Jahre 1907 im Haag abgehaltenen zweiten internationalen Friedenskonferenz (Reichstag, Drucksachen XII. Legisl.-Per. I. Sess. 1907 Nr. 527 Anlage IV zur Schlußakte) und Nippold in der Zeitschr. für Intern. Privat- u. öffentlich. Recht XVIII (1908) S. 250 ff.

[2]) Vgl. auch v. Ullmann, Völkerrecht 2. Aufl. 1908 S. 451; „Systematisch gehört die Frage in die Lehre von der Selbsthilfe, insofern es sich primär um positivrechtliche Beschränkung der Anwendung von Waffengewalt handelt. Allein die in Art. 1 Abs. 2 des Abkommens normierten Bedingungen bringen den Gegenstand in eine engere Beziehung zum Schiedswesen". Vgl. auch Nippold a. a. O. S. 261, der die Frage gleichfalls der Schiedssprechung bzw. dem Prozeßrecht zugesellen will.

a) wenn der Schuldnerstaat ein ihm gemachtes Angebot des Schiedsverfahrens ablehnt oder nicht beantwortet;

b) wenn er nach Annahme des Schiedsverfahrens die Einrichtung des Schiedsvergleichs unmöglich macht;

c) wenn er sich einem gefällten Schiedsspruch nicht unterwirft (Art. 1 Abs. 2).

3. Kommt es zu einer schiedsgerichtlichen Erledigung, so soll das Verfahren sich nach den Bestimmungen der Haager Konvention über den ordentlichen Schiedsprozeß vom 29. Juli 1899 richten, sofern nicht anderweite Verabredungen getroffen sind, das Schiedsgericht also bei dem ständigen Schiedshof im Haag gebildet werden.[1]) Der Schiedsspruch soll über Berechtigung und Höhe des Anspruchs, Zeit und Art der Zahlung die erforderlichen Bestimmungen treffen (Art. 2). — Übrigens lehnten 14 mittel- und südamerikanische Staaten unter Führung Dragos die unter 2 angegebenen Ausnahmen ab. Diese Staaten haben die Konvention daher auch nur mit Vorbehalt unterzeichnet. Belgien, Brasilien, Rumänien, Siam, Schweden, die Schweiz, Venezuela haben die Konvention überhaupt nicht angenommen.[2])

Durch diese Bestimmungen ist also für bestimmte Streitfälle der Schiedsweg vorgesehen worden, und zwar liegt der Fall der obligatorischen Schiedsgerichtsbarkeit vor, da der Schiedsweg — abgesehen von den erwähnten Ausnahmen — beschritten werden muß, ehe seitens des Gläubigerstaats Selbsthilfe eintreten darf.

Leider ist der Wortlaut der Konvention recht unbestimmt gefaßt, und bei dem Fehlen einer Deklaration bieten sich erhebliche Zweifel hinsichtlich ihrer Auslegung.

Es erhebt sich insbesondere die wichtige Frage: *Ist lediglich der Staat, dem die Gläubiger angehören, berechtigt, das Schiedsgericht anzurufen, oder sind in Konkurrenz mit ihm die Gläubiger selbst dazu befugt?*

Es leuchtet ohne weiteres ein, daß im ersteren Falle die

---

[1]) Über das Verfahren vgl. v. *Ullmann* a. a. O. S. 448 ff.

[2]) Vgl. die Zusammenstellung in der Zeitschr. f. Völkerrecht und Bundesstaatsrecht III (1908) S. 72, 73.

Schiedsgerichtsbarkeit unter Umständen illusorisch gemacht werden könnte. Denn der Gläubigerstaat brauchte nur zu erklären, daß er sich in die ganze Angelegenheit nicht einmischen wolle, um eine Entscheidung durch das Schiedsgericht zu verhindern. Wie zugegeben werden muß, spricht die den Anregern der Konvention innewohnende Tendenz, die zahlungsunfähigen Schuldnerstaaten gegen Zugriffe der Gläubiger nach Moglichkeit zu schützen, und die Bezeichnung der Konvention als „Abkommen betreffend die Beschränkung der Anwendung der Gewalt bei Eintreibung von Vertragsschulden" nicht gerade für die Einräumung des Rechtes an die Gläubiger. [1]) Auf der anderen Seite fällt aber für diese entscheidend ins Gewicht, daß der Vertrag ja zwischen den Gläubigern und dem Schuldnerstaat besteht, und daß die Gläubiger als die domini litis daher in erster Linie zur Geltendmachung ihrer Ansprüche berufen sind. Zudem ist das Vertragsverhältnis, wie früher ausgeführt, ein völkerrechtsähnliches, und nach der modernen Entwicklung des Völkerrechts ist es nichts Neues und Ungewöhnliches, daß die Privatpersonen, die in einem solchen Vertragsverhältnis zu einem Staate stehen, ihre Rechte selbständig, also auch vor einem Schiedsgerichte vertreten. Diese Entwicklung hat denn auch, wie ebenfalls bereits dargelegt, dahin geführt, daß nach den auf der II. Haager Friedenskonferenz vereinbarten Bestimmungen der Konvention über die Errichtung eines internationalen Prisenhofes nicht nur den Regierungen, sondern auch den geschädigten Privatpersonen die Befugnis zusteht, sich an den internationalen Prisenhof zu wenden. Zugunsten des Rechtes der Gläubiger spricht aber ferner, daß, wie in der Literatur nicht bestritten wird, [2]) das Anerbieten zur schiedsrichterlichen Entscheidung auch vom Schuldnerstaat ausgehen kann. Gegen wen sollte aber diese negative Feststellungsklage seitens des Schuldnerstaates anders gerichtet werden als gegen die Gläubiger selbst, wenn der Gläubigerstaat noch gar nicht mit der Sache befaßt worden ist oder ein

---

[1]) v. Stengel, Weltstaat und Friedensproblem, S. 75 Anm. 1, steht sogar auf dem Standpunkt, daß die Drago-Doktrin in dem Abkommen Anerkennung gefunden hat, was zweifellos verfehlt ist.

[2]) Vgl. Nippold a. a. O. S. 260. Ein entsprechender Antrag war bei der Beratung gestellt worden, ohne daß näher darauf eingegangen wurde.

Einschreiten zugunsten seiner Untertanen überhaupt bereits abgelehnt hat? Haben die Gläubiger selbst eine Entscheidung des Schiedsgerichts herbeigeführt, so würde der Gläubigerstaat, wenn er demnächst zugunsten seiner Untertanen intervenieren wollte, natürlich nicht zu einer nochmaligen Anrufung des Schiedsgerichts verpflichtet sein, vielmehr die ergangene Entscheidung im Sinne des Abkommens für sich gelten lassen können.

Gegen das direkte Recht der Gläubiger zur Anrufung des Schiedsgerichts kann auch nicht als ausschlaggebend ins Gewicht fallen, daß es bisher an einer gesetzlichen Organisation der Gläubiger von Auslandsanleihen und an näheren Vorschriften über ihre Vertretung fehlt, und daß ein geschlossenes klageweises Vorgehen, namentlich wenn sie verschiedenen Ländern angehören, daher mit großen Schwierigkeiten verknüpft ist. So wünschenswert und erstrebenswert auch für die Zukunft eine solche Organisation und Vertretung der Gläubiger auf gesetzlicher Grundlage ist, die, soweit es sich um internationale Anleihen handelt, durch internationale Abmachungen geregelt werden müßte, so steht doch nichts im Wege, daß nach der gegenwärtigen Rechtslage die Rechtsverfolgung vor dem Schiedsgericht durch die einzelnen Gläubiger oder durch freiwillig gebildete Schutzvereinigungen und Komitees und in deren Vollmacht durch Treuhandgesellschaften u. dgl. in dem früher erörterten Sinne erfolgt.

Über die wichtige Frage, welches Recht das Haager Schiedsgericht anzuwenden hat, enthält die Konvention gleichfalls keine Bestimmung. Auch in dieser Beziehung unterscheidet sie sich unvorteilhaft von der Konvention über die Errichtung eines internationalen Prisenhofes, die, wie früher dargelegt, bestimmte Anweisungen über das anzuwendende Recht enthält. Im übrigen kann bezüglich dieser Frage lediglich auf die früheren Erörterungen (S. 21) verwiesen werden.

Ein weiterer bedenklicher Mangel der Konvention besteht in folgendem. Die Notwendigkeit der Anrufung des Schiedsgerichts kann leicht zu einer Verschleppung der Sache führen und unter Umständen den vertragsbrüchigen Staaten die willkommene Gelegenheit geben, durch betrügerische Maßnahmen Vermögensobjekte dem Zugriff der Gläubiger zu entziehen oder Abkommen mit anderen Staaten oder Gläubigern zum Nachteil der bisherigen Gläubiger zu treffen. Diese Gefahr würde nur dann vermieden, wenn bestimmt würde, daß der beklagte Staat in jedem Fall verpflichtet sei, einer von dem Schiedsgericht erlassenen einstweiligen Anordnung auf Hinterlegung der Streitsumme sofort nach Anrufung des Schiedsgerichts auf Antrag der Gläubiger nachzukommen.

Die vorstehend dargestellte Konvention über die Schiedsgerichtsbarkeit und das prozessuale Verfahren bedeutet völkerrechtlich einen Fortschritt, der zwar noch kein ganzer Fortschritt ist, aber doch künftigen weiteren Fortschritten den Weg eröffnet. Insbesondere erscheint es im Interesse der Sicherheit der auswärtigen Gläubiger und zur Verhinderung von Staatsbankerotten dringend wünschenswert, daß das Recht der auswärtigen Anleihen in Zukunft auf internationalem Wege eine Regelung erfährt, daß zum mindesten gewisse allgemeine Grundsätze präzisiert und von allen Nationen als allgemeingültig anerkannt werden. Sicher ist das Gebiet der Staatsanleihen, welches den internationalen Rechtsverkehr zahlreicher Völker berührt, von hinreichend umfassender und einschneidender Bedeutung, um die Schaffung einer internationalen Gesetzgebung zu rechtfertigen, wie sie bereits auf verschiedenen Spezialgebieten (Weltpostverein, Berner Urheberrechtskonvention, Union zum Schutz des gewerblichen Eigentums) besteht. Materien von internationalem Interesse, die in das Rechtsleben verschiedener Völker in gleicher Weise eingreifen, erfordern eine internationale Regelung durch ein modernes Weltverkehrsrecht, und zu diesen Materien gehört auch das Recht der internationalen Anleihen. Mit der Schaffung einer internationalen Gesetzgebung würde diese Materie aus dem Bereich des häufig unsicheren Herkommens und des Gewohnheitsrechts herausgehoben und auf einen festen und unzweifelhaften Rechtsboden gestellt werden. Freilich würden sich im Laufe der Zeit voraussichtlich feste, allgemeingültige Rechtsnormen durch die Praxis des Schiedsgerichts herausbilden, das auf Grund der besprochenen Konvention über die Beschränkung der Anwendung von Gewalt bei der Eintreibung von Vertragsschulden Entscheidungen in Streitigkeiten zwischen Schuldnerstaaten und auswärtigen Gläubigern zu fällen haben wird. Aber, gleichwie die beteiligten

Staaten auf dem Gebiete des Prisenrechts es für zweckmäßig gehalten haben, der Schaffung eines prätorischen Rechts durch die Praxis des Oberprisenhofs, auf dem Wege einer Vereinbarung internationaler Rechtssätze mittels der Londoner Seerechtsdeklaration von 1909 zuvorzukommen,[1]) so würde auch die Vereinbarung eines internationalen Anleiherechts die zukünftige Rechtsprechung des Haager Schiedsgerichts am besten vorbereiten.

Ein internationales Abkommen würde nicht notwendig die Mitwirkung der Schuldnerstaaten erfordern, trotzdem es natürlich wünschenswerter wäre, daß sie einem Abkommen, das ihre Rechte und Pflichten enger umgrenzte, sich nicht entzögen. Denn ein Einvernehmen zwischen den hauptsächlichsten Gläubigerländern, insbesondere England, Frankreich, Belgien, Deutschland und den Vereinigten Staaten von Amerika, würde genügen, um die Schuldnerstaaten zur Annahme der ihnen gestellten Bedingungen zu zwingen. Sofern und soweit die Schuldnerstaaten sich an dem Abkommen beteiligen, ließe sich die Vereinbarung kurz dahin treffen, daß sich jeder Staat hinsichtlich der demnächst von ihm aufzunehmenden Anleihen diesen Bedingungen stillschweigend unterwirft, wenn er sich nicht ausdrücklich das Gegenteil vorbehalten hat.

Die internationalen Vereinbarungen hätten sich sowohl nach der prophylaktischen wie nach der repressiven Seite zu betätigen.

In ersterer Beziehung käme in Betracht die Festsetzung bestimmter Voraussetzungen für die Zulassung der Anleihen fremder Staaten zur Emission und zum Börsenhandel in fremden Ländern. Die Staaten müßten sich gegenseitig verpflichten, ihre Zustimmung zu der Zulassung fremder Anleihen innerhalb ihres Staatsgebietes davon abhängig zu machen, daß der die Anleihe aufnehmende Staat sich in den Anlehnsbedingungen gewissen im Interesse der auswärtigen Gläubiger gelegenen und zu ihrer Sicherung dienenden Bestimmungen unterwirft. Hierher gehören Bestimmungen über den notwendigen Inhalt des Pro-

---

[1]) Vgl. das von der deutschen Regierung herausgegebene Weißbuch über die Londoner Seekriegsrechtkonferenz (Reichstag, Drucksachen XII. Legisl.-Per. I. Sess. 1907/1909 Nr. 1268) u. Abdruck in Zeitschr. f. intern. Priv. u. Öffentl. R. XIX. S. 323 ff.

spektes und die zur Aufklärung der Gläubiger erforderlichen Angaben, Nachweise und Belege, über notwendige Sicherungen der Gläubiger, über die Grundlagen für eine Organisation der Gläubiger. Sodann müßte aber auch Vorbedingung für die Zulassung der Anleihe bilden, daß der Anlehnsschuldner sich in Streitigkeiten der Entscheidung eines internationalen Schiedsgerichts bedingungslos unterwirft und sich gleichzeitig verpflichtet, nicht nur den einstweiligen Anordnungen, sondern auch den endgültigen Entscheidungen des Schiedsgerichts ohne weiteres nachzukommen. Diese letztere Bestimmung erscheint schon deswegen dringend geboten, weil, wie bereits erwähnt, nicht alle Staaten der Konvention über die Einschränkung der Anwendung von Gewalt bei der Eintreibung von Vertragsschulden beigetreten sind.

Zu den wirksamsten Mitteln zur Verhütung leichtfertiger Zahlungseinstellungen würde ferner das Zustandekommen einer internationalen Vereinbarung gehören, welche auf dem Grundgedanken der in Geltung befindlichen Nr. 61 der Rules and Regulations der Londoner Stock-Exchange — natürlich unter entsprechender Ausdehnung auf die sämtlichen an der Konvention beteiligten Staaten — fußen würde. Diese Bestimmung lautet:

„The Committee will not recognise new bonds, stock or other securities, issued by any foreign government, that has violated the conditions of any previous public loan raised in this country, unless it shall appear to the committee that a settlement of existing claims has been assented to by the general body of bondholders“ pp.

Sämtliche Staaten müßten sich also gegenseitig verpflichten, keine Anleihen eines Staates zum Börsenhandel innerhalb ihres Gebietes ferner zuzulassen, der den Verpflichtungen aus einer früheren in einem der betreffenden Länder veranstalteten Emission nicht nachgekommen ist, auch ein Arrangement über die notleidende Anleihe mit seinen Gläubigern bisher nicht zuwege gebracht hat.

Aber auch die Regelung gewisser wichtiger materieller Rechtssätze des Anleiherechtes auf internationalem Wege würde sich dringend empfehlen.

Im Laufe unserer Darstellung ist z. B. darauf hingewiesen worden, wie zweifelhaft die Rechtsverhältnisse sind, die aus der

Einräumung von Souveränitätsrechten — Verpfändung von Zöllen, Abgaben u. dgl. — seitens des Schuldnerstaates an die Anlehnsgläubiger entstehen können. Die Frage der Couponbesteuerung, der Garantieübernahme seitens anderer Staaten, die Materie der vorzeitigen Rückzahlung und der einseitigen Konversion von Anleihen — um nur einiges herauszugreifen — bietet ebenfalls der Rechtsauslegung zahlreiche Schwierigkeiten. Hier eröffnet sich einer internationalen Gesetzgebung ein reiches und lohnendes Feld der Betätigung!

Nach der repressiven Seite hätte sich das internationale Abkommen insbesondere auf den weiteren Ausbau des internationalen Schiedsgerichtes, das von diesem zu beobachtende Verfahren, sowie auf die Vollstreckung der von dem Schiedsgerichte erlassenen Urteile zu erstrecken.

Da es nach den früheren Ausführungen zweifelhaft ist, ob das Abkommen betr. die Beschränkung der Anwendung von Gewalt usw. den Gläubigern ein direktes Klagerecht gegen den Schuldnerstaat gewährt, so wäre in erster Linie eine authentische Interpretation der Konvention in diesem Sinne geboten. Auf diesem Wege würde, da die Konvention nicht nur Rechtsstreitigkeiten aus Anleiheverhältnissen, sondern aus privatrechtsähnlichen Rechtsverhältnissen jeglicher Art betrifft, eine internationale Instanz zur Entscheidung von Rechtsstreitigkeiten aller Art zwischen Privatgläubigern und Schuldnerstaaten geschaffen werden. Wie der jüngste Rechtsfall des russischen Fiskus gegen v. Hellfeld gezeigt hat, erfordert die Konvention eine Ergänzung auch in der Richtung, daß auch Staaten ihre Ansprüche gegen auswärtige Schuldner vor einem internationalen Schiedsgerichte verfolgen können. Sie würden auf diese Weise der Notwendigkeit überhoben sein, wenn sie gegenüber einem im Ausland wohnenden fremden Untertan ihr Recht verfechten wollen, die Gerichte seines Heimatsstaates anrufen und sich zudem den Gefahren einer nach den jetzt herrschenden Rechtsgrundsätzen zulässigen Widerklage vor dem fremden Gerichte aussetzen zu müssen. Überdies würden sie alsdann auch die Möglichkeit haben, etwaige Gegenansprüche gegen den klagenden Privatgläubiger im Wege der Widerklage vor dem internationalen Schiedshof zur Geltung zu bringen.

Kommt es zu einem solchen Abkommen, so könnte gleichzeitig unbedenklich der völkerrechtliche Grundsatz festgelegt werden, daß fortan ausländische Staaten, soweit sie der Konvention beigetreten sind, einer fremden Gerichtsbarkeit weder im Fall der Klage noch im Falle der Widerklage unterstehen. Ob von diesem Grundsatz bestimmte Ausnahmen auch fernerhin zu machen sein werden, so für den Fall der freiwilligen ausdrücklichen Unterwerfung unter die fremde Gerichtsbarkeit, wird den Beratungen der beteiligten Staaten vorzubehalten sein. Unumgängliche Voraussetzung für eine völkerrechtliche Abmachung in diesem Sinne muß aber bilden, daß die Urteile des Schiedshofes nicht nur in dem Staat, dem der Gläubiger angehört, und in dem Schuldnerstaat sondern in allen der Konvention angehörigen Staaten ohne weiteres und direkt vollstreckbar sind.

Zur Vermeidung einer Exekution wird, wie erwähnt, in den Anlehnsverträgen die Klausel Aufnahme finden müssen, daß der schuldnerische Staat sich allen Urteilen des Schiedsgerichts bedingungslos unterwirft, und daß er erforderlichenfalls seinen Gläubigern einen Einfluß auf seine Finanzverwaltung in einer näher zu bestimmenden Weise einräumt.[1])

Als Exekutionsmittel gegen den Staat, der sich weigert, dem durch das Schiedsgericht ausgesprochenen Urteil nachzukommen, oder der die Vollstreckung des Urteils verhindert, kämen Retorsionen und Repressalien (wie die Ausschließung sämtlicher Anleihen des Schuldners vom Börsenhandel in allen der Konvention angehörigen Ländern), in schwereren Fällen die Anwendung politischer Machtmittel, wie Flottendemonstrationen, Blockaden der Häfen, Abbruch der Handelsbeziehungen, Suspension der Handelsverträge, Beschlagnahme von staatlichen Wertobjekten wie Kunstschätzen, sowie Wegnahme einzelner Kolonien, Einführung einer Oberaufsicht über die Staatsfinanzen in Betracht. Natürlich müßten diese Repressiv- und Exekutionsmaßregeln für alle an der völkerrechtlichen Konvention beteiligten Staaten Geltung haben. Denn sie sind nur dann wirksam, wenn sie zu einem allgemeinen Boykott des vertragsbrüchigen Staates werden. Überdies würde es kein Staat, auch wenn seine Unter-

---

[1]) Meili, Der Staatsbankerott 1895 S. 74; Sartorius v. Waltershausen a. a. O. S. 289.

tanen durch die Vertragsbrüchigkeit des Schuldners noch so sehr geschädigt worden sind, wagen, seine Handelsbeziehungen zu ihm abzubrechen, wenn er befürchten müßte, daß seine Konkurrenten alsbald an seine Stelle treten und die Früchte seiner vielleicht jahrelangen Handelsbeziehungen mühelos an sich reißen. Die notwendige Vollstreckung des schiedsgerichtlichen Urteils müßte entweder von allen der völkerrechtlichen Union angehörenden Staaten gemeinsam, oder von den durch die Gesamtheit mit der Vollstreckung betrauten Mächten oder von denjenigen Staaten, denen geschädigte Gläubiger angehören, vorgenommen werden.[1])

Das Schiedsgericht müßte nicht nur die Befugnis zur Entscheidung der Streitigkeiten, sondern in außerordentlichen Fällen auch zur Abänderung der Anlehnsbedingungen hinsichtlich der Verpflichtungen des Schuldners haben, falls es nach den Umständen des Falls, insbesondere nach der pekuniären Lage des Schuldners, unumgänglich ist. Zu diesem Zwecke müßte ihm das Recht zur Untersuchung der wirtschaftlichen und finanziellen Lage des Schuldnerstaates, eventuell auch zur Herbeiführung eines Moratoriums mit dem Schuldner, dessen Finanzen notleidend geworden sind, zustehen.

Freilich darf man sich nicht verhehlen, daß es bis zur Schaffung einer umfassenden Kodifikation des internationalen Anleiherechts, wie sie im vorstehenden skizziert worden ist, wohl noch gute Wege hat! Unter den Gläubigerstaaten wird es zweifellos manche geben, die aus politischen Gründen durch Rücksichten auf ihre besonderen Handels- und Exportinteressen sich nicht sobald bereit finden werden, sich in der Disposition betreffs Zulassung ausländischer Anleihen durch internationale Abmachungen mehr oder weniger beschränken zu lassen. Wird doch die Gewährung einer Anleihe an einen auswärtigen Staat nicht selten als Entgelt für die Einräumung von wirtschaftlichem und politischem Einfluß an den Gläubigerstaat

---

[1]) Pflug a. a. O. S. 81. Bereits im Jahre 1878 hatte Bluntschli in einer Studie über die Organisation des europäischen Staatenvereins, in der er einen europäischen Staatenbund mit Organen für die Ausübung der Gesetzgebung in allen Materien des Völkerrechts vorgeschlagen hatte, das Kollegium der Großmächte als Vollziehungsausschuß für den Fall der Notwendigkeit der Anwendung von Zwang gegen einen Staat vorgeschlagen.

und für Bestellungen an seine Industrie behandelt! Aber die Flutwelle des Internationalismus, die sich nach einem Wort des Präsidenten Roosevelt seit den letzten Jahrzehnten über unsere Erde ergossen hat, und die durch die „Gemeinschaft der internationalen Interessen" hervorgerufen ist, verlangt gebieterisch, daß auch diese wichtige Materie in das moderne Weltverkehrsrecht mit einbezogen wird.[1]) Wenn neben den Diplomaten, Juristen und Parlamentariern die kaufmännischen Vertretungen, insbesondere die Handelskammern und der internationale Handelskammerkongreß, die sich in den letzten Jahren durch Erörterung und Vertiefung derartiger allgemeiner Fragen in zahlreichen Fällen große Verdienste erworben haben, nach Kräften mitarbeiten, so steht zu hoffen, daß auch die vorliegenden Fragen in absehbarer Zeit ihrer definitiven Lösung entgegengeführt werden werden.

[1]) Über dieses vgl. W. Schücking, „Der Organismus der Welt" in der Festgabe für Paul Laband 1908 Bd. I S. 533 ff., insbes. S. 594.

Lippert & Co. (G. Pätz'sche Buchdr.), Naumburg a. S.

FSC
www.fsc.org
MIX
Papier | Fördert gute Waldnutzung
FSC® C083411

Kolibri 360 GmbH
Ferdinand-Jühlke-Straße 7
99095 Erfurt, Deutschland
produktsicherheit@kolibri360.de